KB273799

단 한 번에 합격하는 면접 방법

면접 바이블

초판 1쇄 발행 2025년 9월 5일

—

지은이 고요한 · 강건욱
펴낸이 이방원
책임편집 조성규   **책임디자인** 손경화
기획 김명희 · 박준성   **마케팅** 최성수   **경영지원** 이병은

—

펴낸곳 세창미디어
　　신고번호 제2013-000003호   **주소** 03736 서울특별시 서대문구 경기대로 58 경기빌딩 602호
　　전화 02-723-8660   팩스 02-720-4579   **이메일** edit@sechangpub.co.kr   **홈페이지** http://www.sechangpub.co.kr
　　블로그 blog.naver.com/scpc1992   페이스북 fb.me/Sechangofficial   인스타그램 @sechang_official

—

ISBN 978-89-5586-846-3 13320

면접 바이블

고요한 · 강건욱 지음

세창미디어
MEDIA

다사다난한 2024년을 뒤로하고 2025년의 새해가 밝았습니다. 올한 해도 어려운 경제 환경 여건에 따라 취업 시장의 분위기 역시 녹록지 않을 것입니다. 그야말로 취업하기가 하늘의 별 따기만큼 어려운 시기입니다. 여러분들은 이 어려운 시기에도 취업 준비하느라 수고가 참 많을 것입니다.

얼마 전 채용을 담당하는 후배로부터 20명을 모집하려는데 4,600명이 지원했다는 말을 듣고 '취업이 어렵기는 정말 어려운 모양이구나' 하는 생각이 들었습니다. 필자가 지도하고 있는 취업 코칭 스쿨의 어떤 학생은 대학을 졸업하면서 50군데 입사 지원서를 냈으나 면접에 오라는 통보를 한 군데도 못 받았다며 의기소침해하고 있었습니다.

이에 오랜 기간 교육 컨설팅 분야에 몸담고 있는 필자는 그간 여러분들이 취업의 문턱을 최종적으로 넘지 못하고 있는 이유와 원인을 다각도로 조망하고 분석한 끝에 작지만 아주 특별한 면접 책을 만들게 되었습니다.

취업에서는 1차 서류 전형만이 전부가 아닙니다. 서류 전형에서 합격하더라도 우리에게는 거대한 면접의 벽이 떡하니 앞에 서 있습니다.

필자가 만든 이 책은 면접 전형에서 반드시 합격할 수 있는 핵심을 담은 '핵심 비법서'라 해도 과언이 아닙니다. 면접에 등장하는 거의 모든 문항에 대해 대비할 수 있게 구성했으니, 여러분들께서 책에 나온 대로만 따라서 면접 준비에 임한다면 올해는 반드시 합격하고, 취업에도 성공하리라 확신합니다. 이대로만 반복해서 공부하십시오! 이 글을 읽는 취준생 친구들 모두 큰 도움을 받을 것이라 믿습니다.

필자는 오랜 기간 동안 실제 면접 제도를 운영해 본 사례들과 실제 면접 위원으로서 면접에 참여한 다양한 경험을 토대로 이 글을 썼습니다. 따라서 이 책은 학문적으로 분석하고 연구한 학술서가 아닌, 철저히 '회사'와 '면접관'의 입장에서 바라본 것입니다. 다시 말해, 면접관들이 던지는 질문의 의도는 무엇이며, 지원자들은 어떤 자세와 태도, 답변으로 임할 때 취업에 성공할 수 있는지에 관해 기술했습니다.

이런 점에서 앞서 설명했듯이 이 책에서 제시하고 있는 각 유형별 면접 문항들의 의도와 모범 답안이라고 해도 과언이 아닐 답변을 참고하여 자신의 사례에 맞추어 준비해 간다면, 반드시 취업에 성공하리라 확신합니다.

아무쪼록 이 작은 책이 미래를 위해 늘 열심히 노력하는 여러분들에게 작은 도움이 될 수 있다면, 저는 교육 분야에 종사하고 있는 사람으로서 더 바랄 것이 없습니다.

그럼, 지금부터 '한 번만 읽으면 절대 떨어질 수 없는 면접 준비' 이야기를 시작합니다. 오로지 당신의 합격만을 응원합니다! 부디 잘 따라오시길 바랍니다.

희망찬 2025년의 문을 열며,
고요한, 강건욱 올림.

08. 역량 및 인성 면접 핵심 대비법   87
— 역량 면접과 인성 면접 필수 문항 정리

PART 2   실전 면접 속으로

01. 기본적인 질문부터 완벽하게 대비하라   101

PART 3   대기업 출신 저자의 합격 노트

Part 1

반드시 합격하는
면접 대비법

어떻게 하면 면접에 합격할 수 있을까?

본격적으로 '역량 기반' 면접에 대비하라

당신이 이 책을 읽고 있는 이 순간에도 기업에서는 각 분야 최고의 지원자를 발굴하기 위해 계속해서 효과적인 면접 방법을 연구하고 있는데, 그중 하나로 최근에는 지원자의 '역량'을 기반으로 하는 질문들이 면접에서 점점 인기를 얻고 있다.

이러한 '역량 기반' 질문들은 다른 일반적인 질문들보다 어렵게 생각될 수 있지만, 지원자가 자신의 성과 및 경험과 연관된 장점들을 면접관에게 강조할 수 있는 기회를 제공한다. 이때 어떻게 개인의 강점을 효과적으로 강조하느냐에 따라 면접의 성패가 갈릴 수 있다.

1) '역량 기반' 면접 준비하기

모든 인터뷰와 마찬가지로 역량 기반 인터뷰도 준비가 가장 중요하다. 인터뷰 전에 자신이 성취한 경험 및 성과 사례를 자소서 및 직무 기술서와 비교하며 정리해 보는 것이 좋은데, 이는 자소서 및 직무 기술서에 강조된 내용은 후에 면접에서 질문으로 나올 가능성이 높기 때문이다.

대부분의 고용주는 지원자가 과거에 성취한 구체적인 예를 제시하고, 그렇게 얻은 다양한 역량과 경험이 입사 후 새로운 직무에 어떠한 관련이 있으며, 또 어떠한 긍정적 영향을 미칠 수 있는지를 명확하게 설명해 주길 바란다.

따라서 자신의 이전 경험 및 경력을 죽 살펴보면서 고용주가 관심 있어 할 만한 역량과 기술, 경험, 경력 등을 면접에서 잘 이야기할 수 있도록 충분한 시간을 가지고 생각해 보는 것이 중요하다.

(1) 답변 연습해 보기

역량 기반 질문에 대한 답은 명확하고 구조화된 방식으로 전달되어야 한다. 지원자는 지금껏 겪은 여러 경험에서 문제를 해결하거나 목표를 달성하는 데 사용된 프로세스를 설명하면서 실례를 통해 면접관과 이야기할 수 있어야 한다.

대부분의 채용 공고는 여러 가지 업무를 효율적이고 효과적으로 처리할 수 있는 멀티태스킹 능력과 함께 훌륭한 조직 관리 및 시간 관리 기술을 요구한다. 그러므로 면접 전에 미리 면접관에게 이 세 가지 사항을 강조할 수 있는 예시를 충분히 생각해 보고, 만약 준비한 사례가 지원한 직무에 필요한 능력을 강조하지 못하고 있다고 생각된다면 다른 예를 준비하는 것이 필요하다.

   Part 1 반드시 합격하는 면접 대비법

(2) 면접관에게 주의 기울이기

면접관의 질문의 요점을 잘 찾아 그에 적절한 대답을 하는 것이 '역량 기반' 면접의 핵심이다. 자신의 사례를 설명할 때, 면접관의 신체 언어 또는 행동이 긍정적인가를 판단하며 대답하는 것도 좋은 결과로 이어지는 데에 도움이 될 수 있음을 꼭 기억하자.

무엇보다 당신이 합격에 가장 유력한 지원자가 되려면 면접관이 찾고 있는 것을 빠르게 파악하고, 이것을 자신의 답변 및 행동에 적용시켜 면접관의 판단에 영향을 주는 방식으로 제시할 수 있어야 한다. 면접관의 질문에 수동적으로 대답만 하는 면접 형식에서 벗어나 면접관과 인터뷰의 전반적인 흐름에 주의를 기울이며, 상황에 맞게 능동적으로 자신을 맞춰 나가는 것이 필요하다.

(3) 면접관 질문에 미리 답하기

면접관이 자신에게 물어볼 것 같은 질문을 미리 파악해 보는 것은 면접 준비 과정의 핵심 요소라고 할 수 있다. 면접관이 질문할 것 같은 '역량 기반' 질문 몇 가지를 생각해 보고, 그에 맞는 대답을 준비한다면 면접 자리에서 당황하지 않고 훌륭한 답변을 제시할 수 있을 것이라 확신한다.

(4) 면접에서 나올 수 있는 대표적인 '역량 기반' 질문

① 원래 주어진 업무 외에 마감 기한이 촉박한 별도의 업무가 주어졌던 상황이 있었다면, 이를 어떻게 처리하였는지 자세히 설명해 주세요.

② 복잡한 프로젝트나 업무를 맡았을 때, 어떻게 마무리를 지었는지 예를 들어 말해 주세요.

③ 스트레스를 받을 수 있는 상황에서 어떻게 효과적으로 전략을 기획하고 조직화해 프로젝트를 완수했는지 사례가 있다면 자세히 설명해 주세요.

④ 여러 프로젝트를 한꺼번에 수행한 경험이 있다면 어떻게 효과적으로 시간을 관리하고 작업의 우선순위를 정하였는지 설명해 주세요.

(5) 가장 나다운 답변을 준비하라

'역량 기반' 면접을 성공적으로 이끌기 위해서는 자신의 장점을 효과적으로 부각시키는 것이 필요하지만, 장점을 너무 부풀리는 것은 진실성 없이 보일 수 있다. 숙련된 면접관들은 면접 중 대화를 통해 지원자가 자신이 실제로 겪은 상황과 처리했던 방식을 설명하는지, 아니면 자신이 생각하기에 정답이라고 여겨지는 대답을 부풀려서 제시하는지 대부분 쉽게 판별할 수 있다. 그렇기에 최대한 관련성 있고 정직하며, 구조화된 답변을 제시하되 경험담에 자신의 실제 성격이 드러나도록 이야기하는 것이 중요하다.

면접관들은 당신이 사람들과 어떻게 소통하고 자신이 겪은 상황을 어떻게 표현하는지를 보고 싶어하기 때문에 교과서적인 답변보다는 실제 당신이 경험한 사례를 잘 정리하여 대답하는 것이 중요하다.

(6) '역량 기반' 면접 포인트

앞서 언급한 대로 요즘 화두가 되고 있는 '역량'에 기반한 면접이란 자신의 역량과 능력이 채용 회사에 얼마나 기여할 수 있는지를 설득하는 기회라고 할 수 있다. 따라서 면접에서 가장 효과적으로 자신을 보여 줄 수 있는 방법은 다음과 같다.

> ① 사려 깊은 질문과 경청을 통하여 회사 측에서 원하는 것을 발견하라.
> ② 당신이 회사의 요구를 충족시킬 수 있는지에 대하여 효과적으로 전달하라.

여기서 당신 스스로를 세일즈(마케팅)하는 것이 면접이라고 생각하는 것이 무엇보다 중요하다. 이에 관해서는 아래와 같은 프로세스대로 대비할 수 있다.

① 성공적인 자기 마케팅에 관해 미리 생각하라.

고객은 해당 기업 상품의 무엇을 기대하는가?
고객은 해당 기업 상품의 어떤 점을 불안해하는가?

② 성공적인 자기 마케팅의 핵심에 관해 답변하라.

이렇게 핵심을 답변하는 것은 면접관이 당신에게 기대하는 것을 충족시켜 주고, 당신에게 불안이나 염려하는 것을 불식시켜 신뢰와 만족을 높이는 과정이라 할 수 있다.

상품을 판매하기 위한 영업 활동과 마찬가지로 면접 과정도 효과적으로 이루어져야 한다. 따라서 먼저 자신을 판매하려는 상품으로 보고 면접을 준비하는 것이 중요하다.

여기서 중요한 것은 상품 판매자이자 상품 자체라고 할 수 있는 당신이 구매자(기업)가 상품을 구매함으로써 해결하려는 문제가 무엇인지를 파악하는 것이다. 이것이 만족되었을 때의 특성은 기업의 실질적인 이익으로 연결된다는 점이다. 다시 말해, 구매자(기업)의 필요가 무엇인지를 파악하는 것이다. 이러한 정보를 파악해야만 면접자는 채용 회사가 자신을 채용함으로써 얻을 수 있는 이익에 대해 세일즈를 할 수 있다.

 **여기요 팜깐!**

정보 활용 능력 면접 답변 사례

질문

- ✔ 데이터나 정보를 활용하여 문제를 해결한 경험을 말씀해 주세요.

평가 의도

- ✔ 데이터를 수집, 분석, 적용하여 결과를 도출하는 능력을 평가

우수 답변 예시

- ✔ 교내 마케팅 프로젝트에서 설문 조사 데이터를 분석해 주요 소비자 패턴을 발견했습니다.
  이를 바탕으로 효과적인 광고 전략을 제안했고, 해당 전략은 캠페인의 성공적인 결과를 이끌어 냈습니다.

구체적으로 이익이란 자신의 성취 업적과 자신이 이루어 낼 수 있었던 결과물(생산성, 수익성), 자신이 제공할 수 있는 솔루션이 되겠다. 이러한 모든 사항이 채용 회사 면접관의 욕구를 충족시킬 수 있도록 맞추어져야 한다.

2) 면접에 앞서 꼭 갖추고 있어야 할 부분

면접에 앞서 몇 가지 꼭 유념해야 할 부분이 있다. 면접은 사람과 사람 사이에서 일어나는 대화의 과정이기 때문에 무엇보다 좋은 이미지를 면접관에게 심어 주는 것이 중요하다. 이런 점에서 아래에서는 면접 전 확실히 익혀야 할 태도 등에 대해 소개한다.

(1) 보디랭귀지

첫인사

우선 당당하게 면접 장소로 들어가는 것은 좋은 시작이 될 수 있다. 고개를 똑바로 들고 면접관과 시선을 맞추며 미소를 짓는다.

눈 맞춤

면접관과 시선을 유지한다. 자신이 말할 때에는 시간의 80% 이상 면접관과 눈을 맞추는 것이 중요하다. 시선을 맞추는 것은 강한 신뢰와 자신감의 표현으로 받아들여진다. 면접 도중 자신이 이야기할 때나 경청할 때 면접관과 시선을 맞추도록 노력하는 것이 좋다. 특히, 중요한 부분에서는 필히 아이 콘택트가 이루어져야 한다. 고개를 끄

덕이는 것도 동의와 신뢰를 뜻하는 행동 표현이다. 따라서 적절한 아이 콘택트와 함께 병행하는 것이 좋다.

여기서 꼭 기억해야 할 것은 무엇보다도 긍정적인 자세가 가장 중요하다는 점이다. 긍정적인 자세에서 긍정적인 메시지가 면접관에게 전달된다. 이러한 자세를 갖추고 있을 때 자신의 커뮤니케이션이 일관성 있게 전달되고 상대방에게 효과적으로 작용할 것이다.

(2) 외모

구직 활동 중에는 지속적으로 자신의 기술과 능력, 관심 사항을 보여 주게 된다. 자신을 마케팅하는 데 있어 외모는 중요한 전략적 요소이다. 상품을 판매하기 위한 팸플릿과 같이 자신의 외모는 채용 담당자가 보게 되는 첫 번째 사항이기 때문이다.

따라서 구직 기간 동안 늘 프로페셔널한 외모를 유지해야 할 필요가 있다. 프로페셔널한 외모를 유지한다는 것은 남들과 같게 보인다는 것이 아니고, 자신이 상대하고자 하는 사람에 맞도록 복장을 갖추고 외모를 다듬는 것을 말한다. 따라서 자신의 스타일을 자신이 지원하고자 하는 산업에 맞는 메시지를 전달할 수 있도록 가꾸는 것도 중요하다. 예를 들어, 은행에 지원하는 사람과 IT 기업에 지원하고자 하는 사람은 갖추어야 할 복장 등 외양적인 면에서 다소 다를 수밖에 없다.

기본적인 원칙은 간단하다. 자신이 면접을 보게 되는 사람들이나 회사의 스타일에 대해 가능한 많이 살펴보는 것이다. 그리고 그와 최대한으로 유사하도록, 배치되지 않도록 복장과 외모를 준비한다. 이러한 조건을 갖추는 것은 좋은 인상을 남기는 것뿐만이 아니라, 지원

하는 회사에 빠르게 적응해 함께할 만한 사람이라는 인상을 남기게
된다.

(3) 면접관의 의도 파악

보통 면접에 있어서 질문은 다음과 같은 세 가지 기본 사항에 초점
이 맞추어지게 된다.

> ① 주어진 직무를 수행할 능력이 있는지?
> ② 주어진 직무를 수행할 의지가 있는지?
> ③ 회사와 조직과 직무에 적합한가?

여기서 능력이란 해당 직무에 대한 기술, 지식, 경력 및 성취 업적,
학습 능력을 말한다. 다음으로 의지란 지원하고자 하는 직책과 조직,
산업에 대한 관심도와 성실성, 의욕 정도, 자신의 의지나 직무를 수
행하는 것과 관련된 기타 외부적인 사안을 의미한다. 끝으로 적합도
는 공감대 및 의사소통 능력, 업무 스타일 및 관리 스타일, 일반 관심
사항, 복장과 외모를 말한다.

따라서 이 세 가지 면접관의 질문 의도에 대해 미리 파악하여 집중
대비해 놓는 것이 성공적인 면접의 핵심이라 하겠다.

(4) 면접 질문의 형태

① 습관에 대한 질문

이는 가장 보편적인 면접 질문이다. 면접관은 채용 결정에 필요한

정보를 얻기 위해 과거 지원자의 성과에 대한 구체적인 사례에 대한 질문들을 주로 하게 된다. 이는 과거의 성과를 토대로 향후 미래의 성과를 예측하는 지표로 사용하고자 하기 때문이다. 면접관은 피면접자의 행동 습관에 대한 답변에 대해 기록을 한다.

② 상황 대처 능력에 대한 질문

실제 상황이나 가상의 상황을 제시하고 이에 대해 지원자가 어떻게 행동할 것인지 질문하는 형태로 진행된다.

③ 기술적인 사항에 대한 질문

지원자의 지식 정도를 측정하기 위해 실시하는 질문이다.

④ 준비된 체계적인 질문(필수 질문 항목)

면접관이 면접을 강하게 통제하고 있고, 특정한 질문들로 진행된다. 이는 대다수의 면접관들이 다수의 지원자들과 면접을 진행할 때 각각의 면접 내용과 형식이 일관성을 유지하도록 하기 위해 사용한다.

⑤ 준비되지 않은 비체계적인 질문

이러한 질문은 면접관이 면접 경험이 적거나 의도적으로 지원자의 성향을 파악하기 위하여 시행하는 면접이다. 면접 경험이 적은 면접관은 면접을 흘러가는 대로 방치할 수 있으며, 면접 경험이 많더라도 일반적인 질문으로 면접을 시작하여 지원자가 면접을 주도하도록 하는 경우도 있다. 이러한 면접은 효과적인 방법은 아니지만, 이를 선호하는 면접관들도 분명히 있다.

⑥ 행동 습관에 대한 면접

행동 습관에 대한 질문은 지원자가 과거 무엇을 했느냐에 대한 평가 방법으로, 이러한 질문을 통해 지원자를 보다 객관적이고 공정하게 평가할 수 있다. 여기서의 전제는 과거의 행동이 미래의 행동을 가장 잘 보여 준다는 점이다.

행동 습관에 대한 인터뷰를 성공적으로 수행하려면 자신의 경험과 능력을 채용 회사의 해당 직책에서도 잘 발휘할 수 있다는 사실을 구체적인 사례를 통해 채용 담당자에게 전달하여야 한다.

이를 위해서는 먼저 채용 회사에 대해 가능한 한 많은 정보를 수집하는 것이 중요하다. 회사의 핵심 가치가 무엇인지 우선적으로 파악하는 게 급선무다. 많은 면접 질문들이 이러한 핵심 가치와 연결되어 나올 수 있다.

다음으로 회사가 원하는 역량에 대해 조사해 보라. 또한, 자신의 경력이나 기타 경험을 통해 이러한 직무 수행에 필요한 역량이나 회사의 핵심 가치와 연관된 질문에 답할 수 있는 내용을 준비해야 한다.

여기에는 직접적인 경험 사례를 제시하는 것이 좋은데, 먼저 자신이 처했던 난관을 생각해 보고 이러한 문제를 해결하기 위하여 자신이 취했던 행동을 정리한다. 최종적으로 자신이 이루어 내었던 결과를 설명함으로써 마무리하면 된다. 이때 가능하면 결과는 수치화해 답변하는 것이(예: 매출 50% 신장 등) 신뢰를 주기 때문에 보다 좋은 방식이다.

⑦ 일반적인 행동에 관련된 질문

- "동료와 함께 일하며 가장 어려웠던 일대일 상황은 어떤 것이었습니까? 왜 어려웠나요?"
- "자신이 너무 지나치게 고집을 부렸던 경험에 대해 말씀해 주세요. 어떤 일이 있었나요?"
- "영업 활동 중 가장 큰 매출을 낸 적은 언제입니까? 어떻게 그러한 업적을 이루어 낼 수 있었습니까?"
- "공급 업체를 찾을 때 다른 동료들의 접근 방법과 본인의 접근법이 어떻게 달랐습니까?"
- "자신의 주도하에 프로젝트를 성공적으로 수행하였던 경험을 이야기해 주십시오."
- "과도한 스트레스 환경에서 과도한 업무를 수행해야 했던 때를 얘기해 주십시오."
- "수행하셨던 모든 프로젝트 중에서 보람이 가장 컸던 프로젝트는 무엇인가요?"
- "보통 직장에서 하루를 어떻게 보내시나요? 예를 들어 지난 월요일에는 어떤 일을 하셨습니까? 그러한 업무를 수행하기 위해 계획은 어떻게 세우셨나요?"
- "지난 1년간 본인에게 가장 중요했던 결정은 무엇입니까?"

면접관이 반드시 물어보는 7가지 질문

면접 예상 질문 및 답변 모음

이번 항목에서는 당신의 성공적인 면접 준비를 돕기 위해 7가지 면접 질문과 모범 답변을 준비했다. 주요 질문은 1) 직무를 선택한 이유, 2) 회사를 선택한 이유, 3) 당신의 강점과 약점, 4) 갈등을 해결한 경험, 5) 성과와 실패의 경험, 6) 장기 목표, 7) 주요 경험과 성과 등이다.

사실 면접 준비는 항상 어렵고 부담스러울 수 있지만, 미리 예상 질문과 답변을 준비한다면 자신감을 가지고 면접에 임할 수 있다. 이에 이번 글에서는 면접에서 자주 나오는 질문과 그에 대한 모범 답변을 소개하며, 각 질문에 대한 답변 요령을 안내한다.

1) 자기소개

질문: 자기소개를 해 주세요.

이 질문은 면접의 시작을 알리는 중요한 질문이다. 반드시 2분 내외로 짧고 간결하게 자신을 소개하고, 직무와 관련된 핵심 경험과 역량을 강조하는 것이 중요하다. 늘어지거나 길어지면 안 되고 임팩트 있게 표현하는 데 주안점을 두자.

모범 답변

"안녕하세요, 저는 마케팅 직무에 지원한 홍길동입니다. 다양한 마케팅 프로젝트를 통해 팀 리더로 활동하며, 전략 수립과 실행 능력을 키웠습니다. 특히, A회사에서 인턴십을 하며 진행한 SNS 마케팅 프로젝트에서는 사용자 유입률을 30% 증가시키는 성과를 거두었습니다. 저의 마케팅 경험과 열정을 바탕으로 귀사의 마케팅 팀에서 기여하고 싶습니다."

답변 요령

이름과 직무를 간단히 언급한다. → 주요 경험과 성과를 구체적으로 설명한다. → 회사에 대한 열정과 지원 동기를 밝힌다.

1분 자기소개란?

- 면접의 시작에서 지원자가 자신의 역량, 성과, 지원 동기를 간결하고 설득력 있게 표현하는 방식
- 면접관에게 첫인상을 형성하고 지원자의 역량과 직무 적합성을 전달하는 첫 단계

첫인상을 좌우하는 핵심 요소

간결하고 논리적인
자기소개는
면접관의 관심을 끌고
긍정적인 인상을 심어 줌

직무 적합성 어필 기회

지원자가 직무와 회사에
기여할 수 있는
핵심 역량을
직접적으로 전달

커뮤니케이션 능력 평가

지원자의 전달력,
논리적 사고, 표현력을
면접관이 평가하는
주요 기준

1분 자기소개 구성 전략

- 직무와 관련된 경험이나 프로젝트 성과를 구체적으로 제시
- 지원 직무와의 연관성을 강조하며 스토리를 구성
- 예시: 대학 시절 팀 프로젝트에서 데이터 분석을 통해 고객 행동 패턴을 파악해 15% 매출 증가를 달성한 경험이 있습니다.

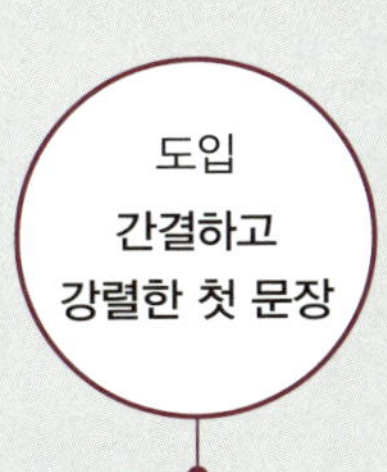

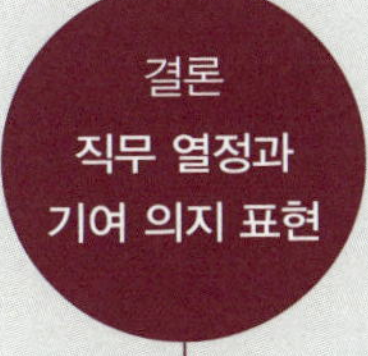

- 자신을 간단히 소개하며 핵심 강점을 드러냄
- 예시: 안녕하세요. 창의적인 문제 해결 능력을 갖춘 데이터 분석 신입 지원자 [이름]입니다.

- 회사와 직무에 대한 열정과 구체적인 기여 의지를 강조
- 예시: 이 경험을 바탕으로 귀사의 데이터 기반 의사 결정 과정에 기여하고 싶습니다.

1분 자기소개의 핵심과 유의점

1분 자기소개 핵심 포인트

정확하고 명확하게

복잡한 표현보다 간결한 문장으로

직무 중심

해당 직무와 관련된 자신만의
경쟁력을 강조

스토리텔링

단순 나열이 아닌 구체적인 사례나
경험으로 이야기 전달

제가 맡은 프로젝트에서 문제를
해결했던 경험을 통해 …

1분 자기소개 유의 사항

너무 긴 도입부

**직무와 무관한 내용의
불필요한 정보 나열**

시간 초과
(약 50~55초가 가장 best)

**암기한 느낌을 주지 않는
자연스러운 말투**

2) 직무 관련 질문

질문: 이 직무를 선택한 이유는 무엇인가요?

이 질문은 지원자가 직무에 대한 이해와 열정을 가지고 있는지를
평가하기 위함이다. 자신의 경험과 직무의 연결점을 잘 설명하는 것
이 좋다.

모범 답변

"저는 무엇보다 사람들과 소통하고, 문제를 해결하는 것을 좋아합

니다. 다양한 마케팅 프로젝트 과정에서 소비자와의 소통을 통해 문제를 해결함으로써 큰 보람을 느꼈습니다. 이러한 경험이 마케팅 직무를 선택하게 된 계기가 되었고, 이 분야에서 제 역량을 발휘하고 싶습니다."

답변 요령

직무 선택의 개인적 동기를 설명한다. → 관련 경험과 직무의 연관성을 강조한다. → 열정과 비전을 함께 제시한다.

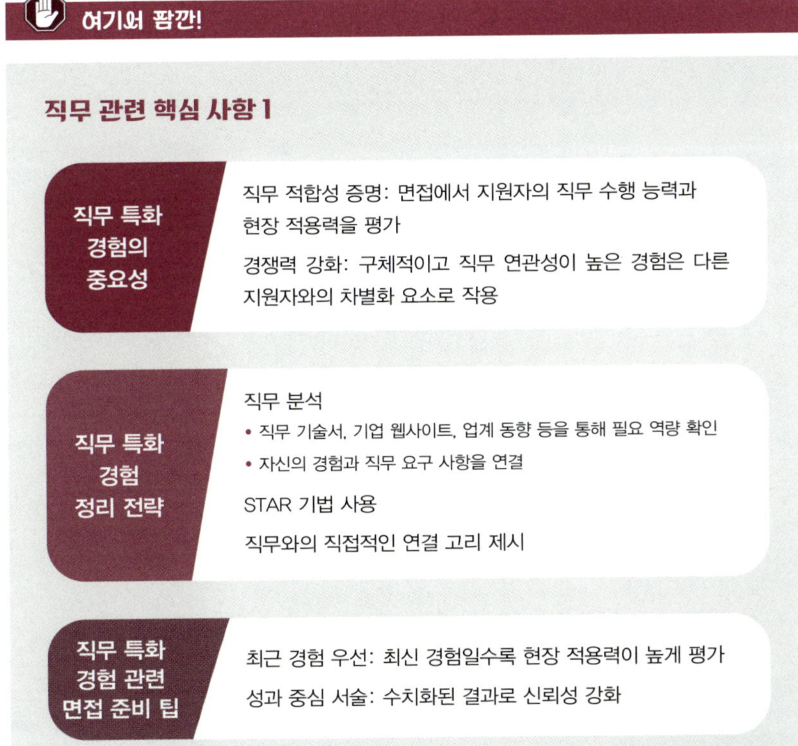

직무 관련 핵심 사항 2

전문 지식과 실무 경험의 면접 평가 포인트

전문 지식

해당 분야의 이론적 이해도와 최신 트렌드 숙지

실무 경험

실제 업무에서의 적용 능력과 문제 해결 능력

차별화 전략

전문 지식 중심 답변

데이터 사이언스 전공으로서 머신 러닝 알고리즘에 대한 깊은 이해를 가지고 있습니다.

실무 경험 중심 답변

인턴십에서 실제 데이터 분석 프로젝트를 수행하여 10%의 비용 절감을 이끌어 냈습니다.

차별화된 통합 답변

전문 지식을 바탕으로 실무에서 혁신적인 솔루션을 제시하여 팀의 성과를 높였습니다.

직무 관련 핵심 사항 3

직무 관련 최신 트렌드의 면접 평가 포인트

- 지원자가 직무와 관련된 최신 동향을 이해하고 이를 실제 업무에 어떻게 활용할지 제시

직무 관련 최신 트렌드 활용 사례 준비

직무 관련 최신 트렌드 조사

- 출처: 산업 보고서, 업계 뉴스, 학술지, 컨퍼런스 등
- 최근 제조업에서는 스마트 팩토리 도입이 확산되고 있습니다.

트렌드와 자신의 경험 연결

- 해당 트렌드를 실무 경험에 어떻게 적용했는지 또는 적용 가능성을 제안
- 스마트 팩토리 기술을 활용한 생산 공정 자동화 프로젝트 경험
- AI 분석 도구를 활용해 데이터 기반 마케팅 전략 제시

기업 및 직무와의 연결성 강조

- 지원 기업이 해당 트렌드와 관련해 어떤 방향으로 나아가는지 언급하며 자신이 기여할 수 있는 점 제시
- 지원하는 기업의 스마트 제조 전환 전략에 제가 가진 IoT 기술 경험이 기여할 수 있다고 생각합니다.

마케팅 직무 핵심 사항

마케팅: 디지털 마케팅과 개인화(Personalization)

최신 트렌드

디지털 마케팅의 확장

- 소셜 미디어, 검색 광고, 콘텐츠 마케팅 등 디지털 채널을 활용한 마케팅 강화

개인화된 소비자 경험

- AI와 빅데이터를 활용해 고객 맞춤형 콘텐츠 및 프로모션 제공 활용 사례

실제 사례

글로벌 브랜드 C사는 고객 행동 데이터를 분석해 개인 맞춤형 이메일 캠페인을 진행, 고객 전환율을 30% 증가

면접 답변 준비

대학 동아리 활동 중, SNS 마케팅 캠페인을 통해 고객 타겟팅 전략을 설계하고 실행한 경험이 있습니다.

특히, 소셜 미디어 분석 도구를 활용해 고객 참여율을 15% 향상시킨 바 있습니다.

IT/개발 직무 핵심 사항

IT/개발: 인공 지능(AI) 및 머신 러닝

최신 트렌드

AI와 머신 러닝의 폭발적 성장

- 다양한 산업에서 AI를 활용한 예측 모델과 자동화 솔루션 도입 확대
- 챗봇, 이미지 인식, 자연어 처리, 예측 분석

클라우드 컴퓨팅과의 결합

- 클라우드 플랫폼을 활용해 AI 모델을 더 쉽고 빠르게 배포, 활용 사례

실제 사례

글로벌 기업 A사는 AI 기반 고객 추천 시스템을 도입해 매출을 20% 증가시킴

면접 답변 준비

대학 프로젝트에서 머신 러닝 알고리즘을 활용한 이미지 분류 모델을 개발한 경험이 있습니다.

이 프로젝트를 통해 모델 정확도를 85% 이상으로 개선했고, AI 기술이 실제 문제 해결에 어떤 가치를 제공하는지 이해하게 되었습니다.

물류/유통 직무 핵심 사항

물류/유통: 스마트 물류(Smart Logistics)

최신 트렌드

자동화 및 디지털화

- AI, IoT, 드론 기술을 활용한 물류

친환경 물류

- 탄소 배출 감소를 목표로 전기차

창고 운영 및 배송 자동화   와 친환경 포장재 도입
• 데이터 분석을 통한 공급망 최적화

물류 회사 B사는 IoT 센서를 통해 창고 온도와 습도를 실시간으로 관리, 식품 신선도 유지율을 95로% 향상

학교 프로젝트에서 물류 관리 소프트웨어를 설계해 배송 시간 단축 방안을 제시한 경험이 있습니다.
이를 통해 물류 프로세스의 효율성과 데이터 활용의 중요성을 배웠습니다.

3) 회사 관련 질문

질문: 왜 우리 회사를 선택했나요?

이 질문은 지원자가 회사에 대해 얼마나 잘 알고 있고, 그 회사와의 적합성을 평가하기 위해 묻는 부분이다. 회사의 비전과 목표, 그리고 자신의 목표가 어떻게 일치하는지를 설명해야 한다.

모범 답변

"귀사는 혁신적인 마케팅 전략과 뛰어난 팀워크로 잘 알려져 있습니다. 저는 A회사에서 인턴십을 하며, 혁신적인 아이디어와 팀워크

의 중요성을 몸소 체험했습니다. 이러한 경험을 바탕으로 귀사의 마
케팅 팀에서 제 역량을 발휘하며 함께 성장하고 싶습니다."

답변 요령

회사의 특징과 장점을 언급한다. → 자신의 경험과 회사의 비전을
연결한다. → 회사와 함께 성장하고 싶은 의지를 표현한다.

4) 강점과 약점

질문: 자신의 강점과 약점은 무엇인가요?

이 질문은 지원자의 자기 인식과 개선 의지를 평가하기 위해 묻는
것이다. 강점은 직무와 관련된 내용을, 약점은 극복하기 위한 노력을
중심으로 설명하는 것이 핵심이다.

모범 답변

"저의 강점은 탁월한 커뮤니케이션 능력입니다. 다양한 프로젝트
에서 팀원들과의 원활한 소통을 통해 문제를 해결하고 목표를 달성
할 수 있었습니다. 반면, 저의 약점은 가끔 세부 사항에 너무 집중한
다는 점입니다. 이를 개선하기 위해 우선순위를 설정하고 큰 그림을
보는 연습을 하고 있습니다."

답변 요령

강점은 구체적인 예시와 함께 설명한다. → 약점은 솔직하게 밝히

되, 개선 노력을 강조한다. → 직무와 연관성을 고려한 답변을 준비한다.

5) 갈등 해결

질문: 팀에서 갈등이 발생했을 때 어떻게 해결했나요?

이 질문은 지원자의 문제 해결 능력과 대인 관계 능력을 평가하기 위해 묻는 부분이다. 구체적인 사례를 통해 자신의 접근 방식을 설명하라.

모범 답변

"프로젝트 진행 시 팀원 간 의견 충돌이 발생한 적이 있었습니다. 저는 팀원들과의 열린 대화를 통해 각자의 의견을 충분히 듣고, 중재안을 제시하여 합의를 이끌어 냈습니다. 이를 통해 프로젝트를 성공적으로 마칠 수 있었고, 팀워크의 중요성을 다시 한번 깨달았습니다."

답변 요령

갈등 상황을 구체적으로 설명한다. → 자신의 역할과 해결 과정을 강조한다. → 결과와 배운 점을 함께 제시한다.

문제 해결 능력과 논리적 사고

문제 해결 능력과 논리적 사고의 중요성

1. 지원자의 직무 수행 능력과 현장 적응력을 평가하는 핵심 항목
2. 논리적인 사고를 통해 문제의 원인을 분석하고, 실질적인 해결책을 제시하는 능력
3. 예산 부족 문제를 해결하기 위해 대체 자원을 제안했던 경험
4. 팀원 간 갈등을 조정하고 협업으로 성과를 달성한 사례

문제 해결 능력과 논리적 사고 연습법

1. 문제 해결 4단계: 문제 정의 → 원인 분석 → 해결 제시 → 실행 및 평가
2. 가설 – 검증 연습: 문제 상황에서 가설을 세우고 이를 검증하는 과정 연습

실제 면접 준비 팁

1. 자소서에 기재된 구체적 경험 사례 발표 준비 (STAR 기법)
2. 데이터와 근거 중심 답변: "왜 그렇게 생각했는가?"에 대한 명확한 근거 확보

문제 해결 사례의 평가 포인트

- 문제 상황을 명확히 정의하고, 이를 해결한 과정과 결과를 구체적이고 논리적으로 설명
- 지원자의 직무 역량과 실무 적용 능력을 파악

사례 표현 전략

문제를 명확하게 파악할 것

프로젝트 진행 중 커뮤니케이션 부족으로 일정 지연이 발생했습니다.

해결 과정을 상세히 설명할 것

원인 분석: 팀원들과의 회의를 통해 지연 원인을 파악
해결 방안: 효율적인 협업을 위해 업무 관리 툴 도입

결과와 성과를 강조(정량적/정성적)

프로젝트 일정 준수율을 30% 개선하고 팀 내 의사소통이 강화되었습니다.
(30% 근거 제시 준비)

교훈과 적용 가능성 제시

이 경험을 통해 팀워크의 중요성을 배웠으며, 앞으로도 협업을 통해 문제
를 해결할 자신이 있습니다.

문제 해결 능력 답변 사례

질문

✔ 업무 중 예상치 못한 문제가 발생했을 때 어떻게 해결하셨나요?

평가 의도

✔ 문제를 분석하고 해결 방안을 논리적으로 도출하는 능력 평가

우수 답변 예시

✔ 인턴십 중 데이터 분석 과정에서 주요 파일이 손상되는 문제가 발생했습
니다.
저는 즉시 백업 파일을 확인하고, 손실된 데이터를 복구하기 위해 팀원
들과 협력했습니다.
또한, 데이터 관리 프로세스를 개선하여 이후에 동일한 문제가 발생하지
않도록 대비책을 마련했습니다.

6) 성과와 실패 경험

질문: 가장 큰 성과와 실패 경험은 무엇인가요?

이 질문은 지원자의 도전 정신과 학습 능력을 평가하기 위해 묻는 것이다. 성공과 실패를 통해 배운 점을 중심으로 설명하면 좋다.

모범 답변

"가장 큰 성과는 A회사에서 인턴십을 하며 진행한 SNS 마케팅 프로젝트입니다. 사용자 유입률을 30% 증가시키는 성과를 거두었습니다. 반면, 실패 경험은 초기 프로젝트에서 팀 내 소통 부족으로 목표 달성에 어려움을 겪었던 일입니다. 이 경험을 통해 소통의 중요성을 깨닫고, 이후 프로젝트에서는 팀원들과의 소통을 강화하여 성공적으로 마무리할 수 있었습니다."

답변 요령

성과와 실패를 구체적으로 설명한다. → 실패를 통해 배운 점을 강조한다. → 긍정적인 학습 자세를 제시한다.

7) 장기 목표

질문: 장기적인 커리어 목표는 무엇인가요?

이 질문은 지원자의 비전과 목표 설정 능력을 평가하기 위해 묻는 질문이다. 회사와 자신의 목표가 어떻게 일치하는지 설명하는 것이

　　　　　　　　　　　　Part 1 반드시 합격하는 면접 대비법

핵심이다.

모범 답변

"저의 장기적인 목표는 마케팅 전문가로 성장하여, 혁신적인 마케팅 전략을 통해 회사의 성장을 이끄는 것입니다. 귀사에서의 경험을 통해 전문성을 쌓고, 향후 팀을 이끄는 리더로서 회사의 비전에 기여하고 싶습니다."

답변 요령

명확한 목표를 제시한다. → 회사와의 연관성을 강조한다. → 성장 의지와 비전을 함께 설명한다.

공통 면접 문항은 기본이다!

기본적인 7가지 면접 문항 대비법

면접은 기업이 당신이 함께 업무를 하는 데 적합한 사람인지를 전반적으로 판단하기 위한 대화이다. 그러므로 면접 전부터 후까지 자신과 지원한 회사에 대해 철저하게 알아보고 준비하는 전략이 필요하다.

면접 시에는 예상 질문을 고려하여 자신의 능력을 가장 잘 나타낼 수 있는 답변을 준비하고 연습하는 것이 중요하다. 이력서에 작성한 능력 등을 바탕으로 자신의 장점을 부각할 수 있는 이야기를 정리하는 것이 좋다. 이어지는 내용에서는 일반적으로 기업에서 공통적으로 질문하는 기본적인 문항을 대비해 보자.

1) 자기소개를 해 주세요

이 문항은 단도직입적이면서도 기본적인 질문임에 틀림없지만,

지원자들이 쉽게 오해하기 쉬운 질문이다. 면접관은 면접자가 얼마나 이 직업에 어울리는지를 묻는 것이지 취미에 대해 장황하게 설명해 달라는 뜻은 아니다. 그러므로 자기소개는 지원하는 직무와 자신의 경험을 연관 지어 대답하되 2분 내외로 짧게 끝내는 것이 좋다.

2) 왜 우리가 당신을 뽑아야 하나요?

이 문항 역시 면접에서 매번 등장하는 질문이다. 질문의 핵심은 지원자가 업무 수행에 필요한 역량을 갖추고 있는지, 경영 이념에 부합하는 인재인지 파악하기 위해서인데, 자신이 지원한 분야에 대한 이해와 기업이 추구하는 경영 이념을 제대로 알고 있어야만 의미 있는 답변을 할 수 있다. 따라서 회사를 위해 어떻게 기여할 수 있는지 입증할 수 있는 경력이나 경험을 생각해 보고, 주장을 뒷받침할 때는 구체적인 예시를 제시하는 것이 좋다.

3) 친구들은 당신은 어떤 사람이라고 이야기하나요?

이는 지원자의 평판을 체크하는 질문으로 논리적으로 똑 떨어지는 답을 해야 한다. 업무와 관련한 지식이나 시사 상식, 기본 소양을 묻는 질문이라면 진지하고 성실한 답변이 설득력이 있겠지만, 이와 같이 정답이 정해져 있지 않은 질문에는 재미있고 재치 있는 답변으로 긴장감을 푸는 것도 면접관의 마음을 사로잡는 방법이다.

4) 스트레스를 어떻게 해소하나요?

면접관은 이미 오랜 회사 생활을 통해서 회사와 업무가 주는 스트레스에 대해서 잘 알고 있다. 이런 질문의 의도는 지원자가 회사가 주는 스트레스를 긍정적으로 견딜 수 있는 사람인지, 또 스트레스의 해소 방법에서 그 사람의 성향을 판단하고 조직과 잘 어울릴 수 있는 사람인지를 살펴보기 위함이다. 따라서 답변을 할 때에는 단답형이나 단순 사실 나열에 그치지 말고, 스트레스를 해소하는 방법과 더불어 스트레스의 원인을 찾고 근본적으로 해결하려는 자세를 적극적으로 표현하는 것이 좋다.

5) 우리 회사에 대해 어떻게 알고 있나요?

이 질문은 그동안 지원하는 회사에 대해 연구해 온 것을 보여 줄 좋은 기회다. 지원자들은 이 문항에서 자신의 능력을 거침없이 보여 줘야 한다. 예를 들면, "저는 힌디어를 할 줄 압니다. 본 기업이 최근 인도로 거래선을 넓히고 있다는 것을 알게 되었습니다"라는 식이다. 입사를 희망하는 회사는 물론이고, 일반적인 산업 부문에 대해 의견을 개진한다면, 면접관은 분명 감동할 것이다.

6) 다른 회사에도 지원했나요?

열 군데를 지원했든, 한 군데도 지원하지 않았든 가장 상식적이고

   Part 1 반드시 합격하는 면접 대비법

설득력 있는 답은 "두세 군데 지원했다"라는 답변이다. 요즘 같은 취업난에 다른 회사에도 지원했다고 해서 기회주의자로 보거나 부정적으로 생각하는 면접관은 없다. 이 문항과 관련된 후속 질문으로는 1) 다른 회사에도 합격하면 어느 회사에 입사할 건가요? 2) 다른 회사는 전형이 어디까지 진행됐나요? 등이 있으니 대비하는 게 좋다.

7) 혹시 기업에 대해 별다른 질문은 없나요?

이러한 물음을 들었을 때는 질병 수당이나 휴가 등 복지에 대해 질문하는 것은 그다지 좋지 않다. 회사에 대해 자신이 해 온 연구를 보여 줄 수 있는 질문이 좋다. 하지만 인터뷰하는 이도 사람이라는 것을 기억하라. 따라서 "작년의 경우 경영 실적이 아주 저조하던데 무엇 때문이죠?"와 같은 질문은 피해야 한다. 지원하는 회사에 관련된 적절한 질문 몇 개를 미리 준비해 가되, 만약 인터뷰 도중 그 문제가 모두 해결되었다면 면접 과정에서 의문이 다 풀렸다고만 말해도 전혀 문제 되지 않는다. 언제나 과유불급(過猶不及)이라는 사실을 꼭 기억하라.

1) 효과적으로 면접 준비를 하는 방법에는 무엇이 있을까?

뭐니 뭐니 해도 동일한 환경에서 리허설을 직접 해 보는 것이 최고다. 시뮬레이션은 우리의 승률을 높여 준다. 그러니 실제 면접에 임했다고 생각하고 면접장에서처럼 발화하고, 자신의 모습을 촬영하여 스스로 평가해 보자.

다음으로는 동일한 지원자들이 모인 오프라인 취업 스터디에 참여해 보는 것을 추천한다. 아울러 유튜브 강의나 책, 커뮤니티 등을 참고하여 적정 분량의 스크립트를 직접 완성해 익혀 보는 것도 좋은 방법이다. 이때, 자신이 지원할 예정 기업의 면접 유형을 정리해 집중 준비하는 것이 중요하다.

2) 면접관이 가장 자주 물어보는 TOP 질문과 답변 방법

(1) "마지막으로 할 말은 없나요?"라는 질문을 받았을 때

면접 기회를 주셔서 감사하다는 인사와 함께 입사해서 능동적으로 배우고 일하겠다는 부분을 어필하며 마무리하면 좋다. 이때는 세 문장 안팎으로 준비하는 걸 추천한다. 끝으로 가서 너무 길면 좋지 않다. 임팩트 있게 마무리 짓자!

(2) "우리 회사에 궁금한 것이 있나요?"라는 질문을 받았을 때

실무진 및 임원진의 입장에서는 많은 신입 사원을 보았을 것이다. 그러므로 어떤 신입 사원에게 더 정이 가고 많은 것을 가르쳐 주고 싶은지를 질문하면 최상의 질문이 된다. 이때 피해야 할 것은 자신이 오늘 어땠는지 등 면접에 대한 평가를 묻거나 전형에 대한 문의 등을 하는 것이다. 다 된 밥에 재 뿌리지 말자.

(3) "다른 직무를 하는 것은 어떤가요?"라는 질문을 받았을 때

지원한 직무에 대한 확신과 목표, 그 이유를 먼저 설명하고, 제안 받은 직무를 통해 지원 직무에 대한 이해도를 확장시킬 수 있다면 도전해 보겠다고 대답해도 무방하다. 그러나 결국에는 지원하는 직무에서의 확고한 목표를 다시 한번 표현해 주어야 한다. 그게 가장 좋다. 면접관들의 유혹에 넘어가지 말기를!

(4) "다른 회사에도 지원을 하셨나요?"라는 질문을 받았을 때

솔직하게 답변하되 자신의 회사 선택 기준에 부합하는 회사들에 지원했다는 점을 어필하는 것이 직무, 회사, 산업에 관심이 많은 지원자로 보일 수 있으니 꼭 참고하기를.

(5) "실패한 경험을 소개해 주세요"라는 질문을 받았을 때

실패 경험을 소개할 때는 이를 통해 느낀 점과 어떻게 극복했는지를 명확하게 설명해야 한다. 그렇지 않으면 자신의 단점이나 실패 사례만 알려 주는 형국이 된다.

(6) "취미나 스트레스 해소 방안을 이야기해 주세요"라는 질문을 받았을 때

대부분의 활동이나 행위를 언급해도 무방하며 최근에도 같은 방법으로 스트레스를 해소했다는 점이 함께 언급되어야 최소한의 신뢰성이 확보될 수 있다는 것을 꼭 유념하라.

3) 어려운 면접 질문에 대한 BEST & WORST 답변

일반적으로 지원자들이 느끼는 가장 난해한 질문은 단연 "당신이 면접관이라면 어떤 것을 중심으로 평가하겠는가?"라는 질문이다. 이 질문의 의도는 성실히 준비한 지원자가 탈락하게 될 가능성을 차단하고 보완하기 위함이다.

만약, 앞선 면접에서 자신이 없었다면 다시 한번 기회를 노려 볼수 있는 이 질문을 완벽히 준비해 보자.

▎당신이 면접관이라면 어떤 것을 중심으로 평가하시겠습니까?

BEST 답변

"첫째, 일에 대한 열정이 있는지를 제일 높은 비중을 두고 평가하겠습니다. 어떤 일이든 일에 대한 자발적이 열정이 있으면 그 일에 몰입할 수 있고, 몰입의 단계를 거쳐야 비로소 창의적인 아이디어를 낼 수 있기 때문에 인재를 평가해 보는 기준으로 열정이 가장 중요하다고 생각합니다.

둘째, 지원 동기의 진정성을 검토해 보겠습니다. 아무리 탁월한 능력을 지닌 인재라도 마음이 떠나 있으면 능력을 발휘할 수 없습니다. 우리 회사에 입사할 의지가 명확한지, 취업이 힘든 상황에서 잠시 머물러 가고자 하는 것은 아닌지 판단해 볼 필요가 있다고 생각합니다.

셋째, 동료를 배려하는 마음이 있는지 평가해 보겠습니다. 시대가 변해서 아무리 유능한 핵심 인재 한 명이 만 명을 먹여 살리는 시대가 되었다고 하지만, 결국 기업은 조직의 힘으로 움직이기 때문에 동료를 배려하는 마음이 없으면 장기적인 시각으로 볼 때 핵심 인재라도 회사에 부정적인 영향을 끼칠 수 있다고 생각하기 때문입니다."

WORST 답변

"제가 면접관이 되려면 상당한 기간이 흘러야 할 것 같아서 아직 진지하게 생각을 해 보지 못했습니다. 그런데, 요즘은 누구나 취업에 어려움을 겪고 있다고 합니다. 특히, 신입 지원자들의 경우 취업을 하려면 이른바 '취업 5종 세트'를 갖춰야 한다고 하는데, 이런 점에 입각하여 저 역시 출신 학교, 전공, 어학 연수 경험, 외국어 성적 수준, 자격증 유무 등을 가지고 평가를 하게 될 것 같습니다."

언급한 대로 상기 질문은 일반적으로 지원자들이 느끼는 가장 어려운 문항이다. 특히, 이 질문은 지원자가 답변한 내용을 바탕으로 자신을 스스로 평가해 보도록 하는 후속 질문과 함께 활용된다. 따라서 이러한 면접관의 의도를 사전에 염두에 두고 답변을 하는 것도 현명한 방법이다.

면접장에서는 지원자가 가장 스트레스를 많이 받긴 하겠지만, 어떤 식으로든 평가를 해서 당락을 결정지어야 하는 면접관도 지원자만큼 스트레스를 받게 된다. 자신의 평가가 잘못되어 오랜 시간 성실히 준비한 지원자가 탈락하게 될 가능성을 차단하고 보완하기 위해 위와 같은 질문을 하고, 지원자 스스로 답변을 하게 하는 경우가 더러 있다.

간혹 위와 같은 질문에 사람을 평가하는 자신만의 기준에 대해 지나친 확신을 가지고 이야기하거나 자신의 판단이 정답인 것처럼 행동하는 지원자가 있는데 면접장에서는 최악의 평가를 받게 된다는 것을 꼭 기억하자.

4) 취준생을 당황하게 하는 까다로운 면접 질문 BEST 5

면접이란 지원자의 인성, 가치관, 태도, 업무 능력 등을 확인하기 위한 테스트 과정이다. 이에 필자는 그간 많은 취준생들을 코칭하며 취준생들이 가장 어려움을 느꼈던 '까다로운 면접 질문 BEST 5'를 선별해 보았다. 아래에서는 이 문항들을 소개하며 그에 대한 대비법을 제시한다.

(1) 직무를 선택할 기회가 주어진다면 어떤 일을 하고 싶은가?

이 문항은 지원 직무에 대한 확신을 가지고 있고, 실제 어떤 일을 하는지 충분히 알고 있는지를 확인하는 질문이다. 하고 싶은 업무에 대한 직무 분석을 준비하지 않았다면 절대 잘 답변할 수 없는 핵심 문항이다. 따라서 자신이 지원하는 직무에서 실제로 하게 되는 일은 무엇인지, 또 그 수행 과정에서 어떤 어려움이 있을 수 있는지, 일을 잘하기 위해서 어떤 지식들이 필요한지에 대해 조사하고 면접에 임하라!

(2) 전공과 관련하여 역량을 높이기 위해 준비했던 것은?

회사는 결국 '일을 잘할 사람'을 뽑고자 한다. 그러므로 직무에 어울리는 이유나 잘할 수 있다고 생각하는 이유를 묻는 것은 결국 직무에 가장 적합한 사람, 즉 직무에 대한 '목표 의식'이 뚜렷하여 직무와 관련된 지식, 역량, 경험을 갖춘 사람인지를 확인하고자 하는 것이다.

이 질문은 자기소개서에 항상 포함되는 항목이니 답변하기 어렵지는 않을 것이다. 다만, 지나치게 자신감이 넘친다거나 지나치게 겸손하게 말하는 것은 좋지 않다. 경력자가 아니라면 결국 기업의 입장에선 업무를 위한 교육을 시켜야 하는 신입 사원이다. 자신이 하고자하는 일에 대한 열정과 목표 의식이 있는 지원자를 찾지만 지나친 자신감은 과유불급(過猶不及)이다. 지나친 겸손함도 자칫 자신감 없음과 연결될 수 있으므로 주의하자. 항상 면접에서는 과유불급을 상기하는 것이 가장 중요함을 잊지 말라.

(3) 10년 후의 개인적인 목표와 인생의 목표는 무엇인가?

이 질문은 향후 10년 후의 개인 목표나 인생 목표를 통해 인생에 대한 명확한 비전과 목표를 가지고 자신의 인생을 설계하고 있는 지원자인지를 확인하려는 항목이다. 자신의 미래를 계획하고 목표를 세운 사람은 중간에 흔들리더라도 다시 자신의 목표로 돌아오기 마련이다.

이때 개인적인 목표에는 직무 목표가 들어갈 수도 있고, 자신이 개인적으로 이루고 싶은 목표일 수도 있다. 무엇을 제시하든 간에 인생에 대한 목표를 가지고, 스스로를 동기 부여하며 앞으로 나아가는 사람이라는 것을 보여 주어야 한다.

(4) 어떤 일에 적극적으로 임한 경험이 있는가?

이 질문에는 취업을 위한 활동, 학습, 스펙 외에 관심을 갖고 몰입

     Part 1 반드시 합격하는 면접 대비법

했던 경험을 이야기하는 것이 좋다. 업무를 수행할 때에는 직무와 관련된 지식 외에도 리더십, 팀워크, 목표 의식 같은 업무 역량들이 필요하다. 따라서 이 질문을 통해 그중 성취 욕구와 목표 추진력을 가진 지원자인지를 확인하는 것이다. 자신의 관심사를 찾아 몰입했던 경험이 있는 사람은 지치지 않고 또 다른 즐거움을 찾아 목표를 세워 자기 계발을 지속할 가능성이 높다. 만일 직무와 관련이 없다고 할지라도 밤을 세워 가며, 혹은 오랜 기간에 걸쳐 관심을 가지고 몰입했던 경험을 통해 목표 추진력을 잘 드러내도록 하자.

(5) 우리 회사에서 떨어진다면 어떻게 할 생각인가?

이와 같이 면접에서 불합격에 대한 질문을 받으면 그 어떤 강심장 지원자라 할지라도 당황하기 마련이다. 이 문항은 갑작스러운 질문에 당황했을 것임에도 평정심을 유지할 수 있는지를 확인하려는 질문이니 담담하게 답변을 해 나가면 된다.

그러므로 해당 회사에 들어오고 싶다는 확고한 신념, 간절함, 확신성과 함께 부정적인 상황에서도 빠르게 자신을 다잡을 수 있는 '할 수 있다는 자신감'을 나타내는 것이 포인트이다.

면접에서 성공하기 위한 전략

면접관의 관심을 사로잡는 방법

1) 서론: 면접의 중요성과 준비의 필요성

면접은 구직 과정에서 가장 중요한 단계이다. 왜냐하면 이는 지원자가 자신의 역량과 잠재력을 직접 면접관에게 보여 줄 수 있는 거의 유일하면서도 핵심된 기회가 되기 때문이다. 이런 점에서 면접 준비는 단순히 자기소개서를 암기하는 것을 넘어서, 면접관의 관심을 사로잡고 긍정적인 인상을 남기는 전략이 필요하다.

이에 이어지는 본론에서는 면접관의 관심을 사로잡는 방법에 대해 구체적으로 탐구해 보고자 한다. 무엇보다 면접관이 무엇을 찾고 있는지 이해하고, 그에 맞춰 자신을 어필하는 것이 중요하다. 이어지는 내용에서는 면접 준비의 중요성을 강조하며, 면접에서 성공하기 위한 전략적 접근 방법을 제시해 본다.

2) 본론: 면접관의 관심을 끄는 요소 파악하기

면접관의 관심을 끄는 첫 번째 단계는 면접관이 무엇을 중요하게 생각하는지 파악하는 것이다. 면접관은 지원자의 전문 지식뿐만 아니라, 문제 해결 능력, 팀워크, 의사소통 능력 등을 중요하게 평가한다. 따라서, 이러한 역량을 강조할 수 있는 실제 사례를 준비하는 것이 중요하다.

또한, 면접관은 지원자가 회사와 직무에 대해 얼마나 잘 이해하고 있는지도 평가한다. 따라서 회사의 비전, 문화, 해당 직무의 역할과 책임에 대한 지식을 갖추는 것이 중요하다. 이를 위해 면접 전에 회사에 대한 철저한 조사와 준비가 필요하다.

(1) 질문에 대해 명확하고 구체적인 답변을 제시하라.

면접관의 질문에 대해 명확하고 구체적인 답변을 제공하는 것은 매우 중요하다. 면접관은 지원자가 질문의 요점을 정확히 파악하고, 그에 대한 답변을 명확하게 제시할 수 있는지를 평가하는 사람이다. 따라서, 질문을 충분히 이해한 후, 자신의 경험과 지식을 바탕으로 구체적인 예를 들어 답변하는 것이 중요하다.

또한, 면접 중에는 자신의 답변에 자신감을 가지고, 명확하고 자연스러운 목소리로 답변하는 것이 중요하다. 이는 면접관에게 긍정적인 인상을 남기는 데 큰 도움이 된다.

(2) 적극적인 태도와 질문으로 관심 표현하기

면접 과정에서 적극적인 태도를 보이는 것도 아주 중요하다. 면접이 끝날 때 면접관에게 질문하는 것은 지원자가 회사와 직무에 대해 진지하게 관심을 가지고 있음을 보여 주는 좋은 방법이다. 따라서 면접관에게 할 질문을 미리 준비해 가는 것이 좋으며, 이는 면접관과의 대화를 통해 추가적인 정보를 얻고, 자신의 관심과 열정을 보여 줄 수 있는 기회로써 작용한다.

또한, 면접 중에는 면접관의 반응을 주의 깊게 관찰하고, 그에 따라 자신의 답변을 조정하는 유연성을 보이는 것도 중요하다. 면접관의 관심사와 반응에 따라 자신의 답변을 적절히 조정할 수 있다면, 면접에서 더욱 긍정적인 결과를 얻을 수 있을 것이다.

3) 결론: 면접 성공을 위한 전략적 준비

면접에서 성공하기 위해서는 면접관의 관심을 사로잡는 전략적 준비가 필요하다. 면접관이 중요하게 생각하는 요소를 파악하고, 명확하고 구체적인 답변을 제공하며, 적극적인 태도와 질문으로 자신의 관심과 열정을 표현하는 것이 뭐니 뭐니 해도 가장 중요하다. 면접 준비 과정에서 이러한 전략을 적용한다면, 면접에서 더욱 긍정적인 결과를 얻을 수 있으리라 확신한다.

면접은 단순히 지원자의 역량을 평가하는 과정이 아니라, 지원자와 회사가 서로를 이해하고, 지원자가 회사에 어떤 가치를 더할 수 있는지를 탐색하는 기회이므로 철저한 면접 준비를 통해 자신을 최대한 어필하고, 면접관의 관심을 사로잡는 것이 핵심이라 하겠다.

 **여기요 잠깐!**

비언어적 커뮤니케이션의 중요성 1

비언어적 커뮤니케이션의 중요성

면접관의 첫인상을 좌우

연구에 따르면 비언어적 요소가 첫인상의 55%를 차지
표정, 자세, 시선 등이 신뢰감과 호감도를 결정

메시지의 신뢰성과 일관성 부여

언어적 내용과 비언어적 표현이 일치할 때,
메시지가 더욱 설득력 있게 전달

지원자의 태도와 열정 표현

말하지 않아도 성실함, 자신감, 준비성을 전달 가능

면접 합격을 위한 비언어적 커뮤니케이션 팁

첫인상 관리

면접 장소 입장 시 문을 열며 밝은 표정으로 가벼운 목례
"안녕하십니까?"라는 인사와 함께 단정한 자세 유지
자기소개 시작 시 눈을 맞추며 적절한 목소리 톤으로 또렷하게 자기소개 시작

면접 중 비언어적 팁

숨을 깊게 들이마시고 천천히 내쉬면서 손은 책상 또는

단전에 위치하여 긴장감 완화

마지막 인사할 때 "감사합니다"를 명확히 전달

비언어적 커뮤니케이션의 중요성 2

비언어적 커뮤니케이션의 주요 종류

표정	자세

밝고 자연스러운 미소로
긍정적인 인상 전달
적절히 공감하는 표정 유지

곧고 단정한 자세로 신뢰감 부여
팔짱, 다리 꼬기 등
방어적 자세는 피하기

자연스러운 시선으로
관심과 집중을 표현
오래 바라보거나
시선 회피하지 않기

적절한 손짓으로
말의 논리성을 보조
과도하거나 산만한
움직임은 지양

비언어적 커뮤니케이션의 중요성 3

비언어적 커뮤니케이션의 연습법

거울 앞에서
표정과 자세를
점검하며
자연스러움을 익히기

스스로 비언어적
요소를 확인하고
부족한 점을
개선하기 위해
녹화 활용

타인으로부터
시선 처리, 제스처
등에 대한
피드백 받기

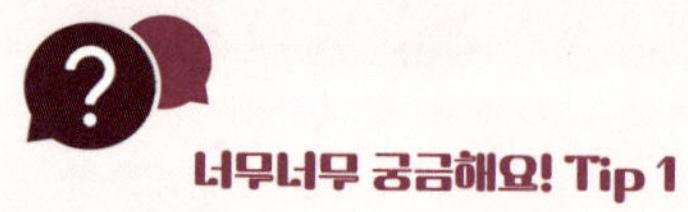

면접관에게 꼭 물어보아야 할 질문

사실 면접에서는 오히려 면접관들에게 꼭 물어봐야 하는 질문들이 있다. 이 부분은 통상 면접 마지막 질문에 해당하는데, 지원자 입장에서는 질문하는 것이 부담스럽기 마련이다. 허나, 어쩌나? 우리가 겪는 현실인 것을. 대다수의 지원자들은 면접장에서 나오면 으레 다음과 같은 생각을 한다.

'아, 합격은 했는데 가야 할지 말지 고민된다', '주말에도 출근하는 회사인지 물어보질 못했네… 어쩌지?', '면접에서 보이는 이미지만으로는 이 회사의 조직 문화가 어떤지 잘 모르겠는데, 괜히 입사했다가 후회하는 거 아닐까?'

이런 후회와 고민을 방지하기 위해서는 면접관들에게 솔직하게 질문을 던져도 된다. 앞서 말했듯 면접 마지막에는 지원자들에게 꼭 하고 싶은 질문이 있는지를 물어본다. 대다수 지원자들은 이때 정말 궁금한 걸 물어봐도 되는지 의심의 눈초리를 보낸다.

예컨대, 솔직한 마음에서는 '이 회사가 저녁이 있는 삶을 보장하는지', '승진은 잘 되는지', '여성들에게도 커리어 개발에 제한은 없는지' 등 정말 궁금한 것들을 물어보고 싶은데, 왜인지 눈치가 보인다. 게다가 이런 질문을 하면 오히려 마이너스가 된다는 이야기를 들은 것 같은데 이것은 과연 사실일까?

그런데, 한편으로는 면접에서 꼭 확인해야 하는 사항이 있다고 가르쳐 준다. 대체 뭐가 맞는 거지? 면접은 지원자가 기업을 선택하는 자리이기도 하다. 따라서 기업, 직무를 선택하면서 자신만의 기준을 가지고 명확하게 확인해야 하는 시간이 되어야 한다. 이에 이번 팁에서는 면접에서 지원자가 꼭 확인했으면 하는 몇 가지 사항을 공유한다.

(1) 현재 본 기업이 가장 중점적으로 추진하고 있는 사업은 무엇인가요?

→ 향후 비전이 있는 기업인지 판단해 볼 수 있는 사항

(2) 우수한 인재의 평가 기준은 무엇인가요?

→ 승진, 연봉 인상 등과 연계된 사항

→ 정규직, 근무 시간 등(단, 공채는 예외 적용)

→ 조직 문화를 판단해 볼 수 있는 사항

참 묻기 어려운 질문이라고 생각할 수 있다. 하지만 꼭 확인해야 하는 사항이다. 그래야 입사 이후 조급하게 퇴사하는 경우를 벗어날 수 있다. 취준생들을 위해 또 한 가지 첨언하면, 면접 이후 결과를 기다리는 데에도 요구되는 자세가 있다.

보통 대기업의 경우는 대부분 합격 통보 날짜를 미리 안내해 주고, 문자나 이메일, 홈페이지에서 합격 여부를 조회할 수 있도록 한다. 통보 기간은 짧게는 수 주, 길게는 한 달 정도 소요되는 경우가 많다. 중견기업과 중소기

업은 통상적으로 최대 1주일 안에는 연락을 주며, 만약 1주일이 지나도 연락이 없다면 떨어졌다고 생각하는 편이 맞다.

따라서 면접 후에는 가능한 한 빨리 면접의 과정과 질문, 답변과 답변에 대한 개인적인 피드백 등을 기록하고, 면접 동안 부족했다고 생각되는 점을 분석하여 다음 면접에 대비할 수 있도록 준비하는 것이 좋다. 그리고 무엇보다 잊지 말아야 할 것은 면접 결과를 기다리는 동안에도 끊임없이 다른 회사에 지원해야 한다는 것이다.

합격을 부르는 답변 태도

지금 이 순간에도 면접 관문을 통과하기 위해 많은 취준생들이 다양한 방법으로 철저한 준비를 하고 있다. 열심히 준비한 만큼 좋은 결과를 얻기 위해서는 서류 준비도 중요하지만 면접 현장에서 제한된 시간 내에 자신의 역량을 잘 전달하는 것이 가장 중요하다.

면접장에 들어서는 순간, 매의 눈초리로 쳐다보는 듯한 면접관도 있고, 긴장을 풀어 주기 위해 편안한 분위기를 조성해 주는 면접관도 있다. 어떤 면접관을 만나느냐에 따라 현장의 분위기가 달라지고 면접자의 컨디션도 영향을 받게 되는 것이 사실이다. 가뜩이나 긴장되는 순간에 압박 질문, 꼬리 질문이 이어지기라도 하면 더욱 긴장감이 고조되어 면접장을 나오는 순간 자신이 무슨 말을 했는지조차 새하얗게 지워지는 경우도 종종 본다.

심지어 면접이 시작되면 쏟아지는 질문에 준비한 답변을 잘 전달해야 하는데 예상치 못한 질문을 받거나 이어지는 압박, 꼬리 질문에 당황이라도 하면 말문이 막히기 일쑤다. 이런 상황은 질문과 별개로 우리의 마음을 뒤흔들어 놓고, 면접이 끝나기도 전에 결과를 예상하게 되는 경우를 발생시키기도 한다.

하지만 어떤 상황에서도 자신만의 페이스를 유지하며 준비한 것을 잘 보여 주고 나오는 것이 우리 지원자들이 해야 할 몫이기도 하다.

면접은 자신에게 예상되는 면접 질문을 파악하고 그에 적합한 사례를 스토리텔링을 통해 답하는 시간이다. 그렇다면 말을 잘하는 사람이 유리한 것일까? 답부터 말하자면, "NO, 아니다!"

유창하게 말을 잘하는 사람들은 우리 주변에 차고 넘친다. 평소에 말을 잘 못하다가도 면접장에 들어서는 순간 자신의 이야기를 어떻게든 다 해야겠다는 생각으로 이야기를 쏟아 내는 사람들도 더러 있다. 하지만 이때 중요한 것은 면접에서는 단순히 말을 잘하는 것보다는 질문의 의도에 맞게 자신의 스토리를 적절하게 전달할 수 있는 것이 핵심이라는 점이다.

기업에 합격을 한다는 것은 회사에서 추구하는 인재상뿐만 아니라 면접관과의 소통이 원활하게 이루어졌다는 것을 의미하기도 한다. 기업이 원하는 부분 혹은 궁금했던 부분이 해결되었다는 것인데, 이런 점에서 자신에게 주어지는 질문이 어떤 의도를 담고 있는지 안다면, 그에 대한 답변을 준비하는 것은 훨씬 수월해질 것이다.

그렇다면 회사에서는 당신으로부터 어떤 답변을 듣고 싶어 하는 것일까?

1) 달달 외운 답변은 NO!
진짜 자신의 이야기를 하라!

기업은 지원자들이 그저 달달 외워 간 답변 말고, 진짜 자신의 이야기를 들려주길 원한다. 필자는 오랜 시간 취업 교육 현장에서 일해오고 있는데, 한때 자신을 드러낼 수 있는 특별하고도 독특한 인사말을 준비하는 것이 유행 아닌 유행인 적이 있었다. 그래서 많은 지원자들이 면접관 앞에서 남들과 다른 수식어를 붙여 소개함으로써 눈에 띄도록 하고 관심을 유도하기도 했다.

그러나 이제 이 수식어를 활용하는 답변은 정말 특출나지 않은 한 큰 효과가 없어졌다. 준비된 답변이라 생각할 것이라 예상한다면, 그 정성은 가히 높게 살 수 있지만 어딘지 모를 부자연스러움이 느껴져 마음에서부터 거부감이 들 수 있는 것도 사실이다.

최근 면접장에서 면접관들이 많이 하는 말 중 하나가 "외워 온 답변 말고 진짜 자신의 얘기를 해 주세요"이다.

보통 잘 정리하여 말하고자 기본적인 면접 질문에 대한 답변을 암기하는 경우가 많은데, 이를 자연스럽게 말하듯이 암기한 것이 아닌 경우라면 대부분 기계처럼 술술 말하게 됨으로써 듣는 사람에게는 가짜 답변처럼 들릴 수 있다.

특히나 면접 준비를 오래 한 사람들 혹은 모의 면접, 스터디 등을 한 사람들은 몸에 밸 정도로 익숙하게 연습해 두었기 때문에 스스로는 자연스럽게 말한다고 느낄 수도 있다. 그러나 면접관 입장에서 바라볼 때는 암기한 답변을 이야기하는 모습으로만 비쳐지기 마련

  Part 1 반드시 합격하는 면접 대비법

이다.

그러므로 답변의 내용을 미리 준비하는 것은 좋지만, 통으로 외워 나열했다가는 영혼 없는 답변으로 전달되는 느낌을 줄 수밖에 없을 것이다. 지원자들은 이 점을 꼭 주의하기 바란다.

예상치 못한 질문의 특징 1

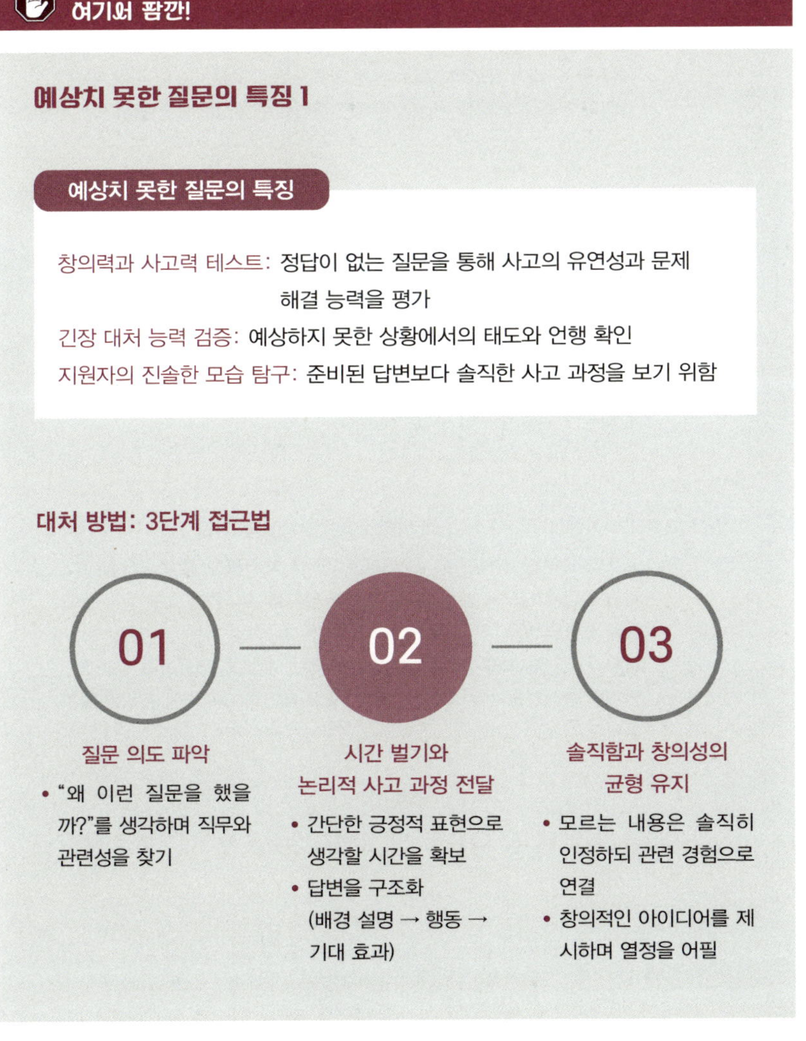

예상치 못한 질문의 특징 2

인사 직무

질문: 회사의 성과 평가 방식이 잘못되었다고 생각하면 어떻게 하시겠습니까?

답변 사례: 성과 평가 방식은 직원 만족도와 회사의 성과에 중요한 영향을 미칩니다. 문제가 발견된다면 데이터를 통해 이를 명확히 하고, 개선 방안을 제안하겠습니다.

예를 들어, 과거 프로젝트에서 팀원 만족도를 조사해 피드백을 체계화한 경험이 있습니다. 이를 통해 객관적인 근거로 개선점을 도출했습니다.

개발 직무

질문: 프로젝트 중간에 목표가 갑자기 변경된다면 어떻게 하시겠습니까?

답변 사례: 개발 환경에서 목표 변경은 흔한 일이며, 이를 유연하게 대처하는 것이 중요합니다. 목표 변경 시 우선 변경된 요구 사항을 분석하고, 기존 일정과 자원을 재조정합니다.

과거 앱 개발 프로젝트에서 고객 요구로 중간에 주요 기능을 수정해야 했던 적이 있었는데 팀원들과 협력하여 우선순위를 조정했고, 결과적으로 마감 기한을 준수할 수 있었습니다.

영업 직무

질문: 고객이 비현실적인 요구를 할 때 어떻게 대응하시겠습니까?

답변 사례: 고객의 요구를 경청한 뒤 현실적인 대안을 제시하는 것이 중요합니다.

과거 영업 인턴으로 일할 때 한 고객이 단가를 지나치게 낮춰 달라는 요청을 했습니다.

당시 시장 데이터를 기반으로 설득력 있는 자료를 제공하며 합리적인 단가를 협상했습니다. 고객은 최종적으로 제안을 수락하며 신뢰를 보였습니다.

공통 팁:

자신감과 긍정적인 태도 / 예상치 못한 질문은 성장과 학습의 기회로 간주

2) 키워드를 뽑아내자!

답변 준비를 하다 보면, 질문이 많아지고 내용도 길기 때문에 실질적으로 모든 것을 외우는 것은 실로 어려운 일이다. 만약 외운다고 하더라도, 자신이 준비하지 못한 질문을 받았을 때에는 그야말로 멘붕이 오면서 머릿속이 하얗게 되어 말을 잘하던 사람이 갑자기 벙어리가 된 듯한 모습을 보이기도 한다. 이 경우에는 정말 준비는 잘했지만, 외운 답변을 말하느라 자연스러운 태도를 놓쳤다고 볼 수 있다.

따라서 예상 질문에 대한 답변을 준비할 때에는 일단 말의 흐름대로 작성을 해 두고, 질문 유형별 답변할 키워드를 정리하는 것이 가장 좋다. 아울러 자기소개를 하라는 질문에는 어떠한 내용(스토리)을 하나는 꼭 이야기하자. 그리고 상황 대처 능력에 대한 질문이 나올 때에는 어떤 사례를 이야기할지 등으로 질문의 유형에 대한 답변별 사례와 키워드들을 정리해 두면, 한번 정리해 둔 문장에서 키워드를 덧붙여 자연스럽게 말할 수 있게 된다.

단, 키워드만 뽑아 놓고 답변 정리를 해 두지 않는 경우에는 단어만 생각나고 어떻게 말을 해야 할지 모르게 되는 수가 있으니, 반드시 답변 정리는 먼저 하도록 한다.

3) 기출 문항은 참고만 하자!

서류 합격 연락을 받고 면접 일자가 정해지면 가장 먼저 하게 되는 것이 무엇일까? 바로 합격자 후기를 보는 것이다. 이때 어떻게 합격을 했는지, 그들의 스펙은 어떠한지 살펴보기도 하지만, 대부분의 취준생들은 커뮤니티나 SNS에 올라온 글을 보면서 예상 질문을 리스트업 한다.

그런데 이때 합격자들이 작성해 둔 기출 예상 질문은 그야말로 '과거'의 사항이며, '그 사람'을 위한 질문이라는 것을 꼭 인지해야 한다. 그러므로 무턱대고 합격자들의 사례만 보고, 그 질문에 대한 답변만 준비했다가는 자기소개 외에는 아무런 예상도 못한 질문만 받고 당황한 채 면접장을 나오게 될 수도 있다.

공통된 질문, 예를 들어 자기소개, 지원 동기, 입사 후 포부, 개인 신상(취미나 특기) 등을 제외하고는 모든 질문은 자신의 서류 안에 있다. 따라서 면접관들은 서류 전형 시 작성한 자기소개서 내용, 이력 사항을 기반으로 궁금한 사항들을 묻게 된다. 그러므로 이미 합격한 사람들과 똑같은 환경에서 살아오지 않았기 때문에 당연히 질문도 달라지게 되는 것이다. 하물며 동일 학교, 학과 출신이라도 과목별 학점 혹은 개인의 이력 사항이 모두 다르기 때문에 질문이 전혀 다르게 주어진다. 이점을 망각하지 말라.

따라서 '면접관들은 나에게 어떤 것이 궁금할까?', '나는 무엇을 어필해야 할까?'에만 집중하면서 자신의 서류를 한 번 더 살펴보고, 그에 따른 질문을 직접 만들어 보라. 그리고 내가 만든 예상 질문에 대한 답변을 준비하는 것이 합격의 관건이다.

4) 답변의 중심은 늘 상대에게 두자!

준비한 답변의 내용을 살펴보면, 관점이 누구에게 있는지 알 수 있다. 대부분 '자신이 지원한 동기', '내가 잘하는 것', '나의 경험', '나의 장단점' 등에 대한 내용을 준비하지만, 이는 그야말로 자기소개 혹은 자신의 생각을 전하는 것뿐이다.

회사에서는 지원자의 경험이 실질적으로 기업에 어떻게, 어떠한 도움을 줄 수 있는지가 가장 궁금하다. 지원자의 경험이 다양하고, 역량 또한 풍부한 것은 알겠으나, 그것이 그래서 회사와 혹은 업무와 어떤 관련이 있고, 또 구체적으로 어떻게 도움을 줄 수 있는지가 듣고 싶은 것이다.

또한, 면접관들은 한 질문에 하나만으로 국한 짓지 않는다. 무슨 말이냐면 답변을 듣는 중에 만일 갑자기 궁금한 사항이 생기면 꼬리 질문을 해서라도 묻는 경우가 충분히 발생할 수 있다는 점이다.

물론, 대부분의 경우 지원자가 많거나, 시간 관계상 혹은 관심을 두기에는 남은 지원자들이 있기에 그냥 지나치는 경우가 많다. 그러나 미리 대비해서 안 좋을 것은 하나도 없다. 자신감 있게, 예상했다는 듯 일목요연하게 답변하는 것이 당황해서 얼버무리는 것보다 훨씬 낫다. 답변에는 반드시 업무 혹은 회사에 어떤 도움이 되는지, 그리고 지원 동기를 이야기할 때에는 회사의 어떤 부분으로 인해 지원하게 되었는지를 밝혀 주어야 한다.

5) 언제나 간단명료하게, 결론을 먼저!

면접관으로 참여하는 사람들은 대부분 실무자 소수, 관리자, 임원이다. 이들은 현업을 하던 중에 면접관으로 참여하게 되는 것이다. 즉, 자신의 업무를 잠시 멈추고 새로운 인재를 채용하기 위해 시간을 할애하고 있다는 것이다. 그렇기 때문에 면접으로 소요되는 시간에 아주 많이 투자하는 것이 면접관 입장에도 부담스러운 것이 사실이다.

특히나 지원자가 많거나 면접 전형이 며칠에 걸쳐 진행되는 경우, 그만큼 자신의 업무도 지연될 수 있기 때문에 이들을 배려하기 위해서는 면접 답변은 두괄식으로 말하되, 간단명료하고 임팩트 있게 전달해야 한다.

이때 임팩트가 중요하다고 해서 첫째, 둘째, 셋째 이런 형식으로 자신의 다양한 면모를 나열하며 이야기하는 사람들도 있지만, 이는 상황에 따라 융통성 있게 적용해야 한다. 너무 긴 답변 혹은 서술이 앞에서부터 진행될 경우에는 듣는 사람의 집중력을 흩뜨려 놓기 때문에 아무리 좋은 답변이라도 귀에 담기지 않는다. 마치 우리가 대화를 할 때 상대의 말이 너무 늘어지거나 길어지면 아무리 귀담아듣고자, 경청하려고 애를 써도 자꾸만 그사이 다른 생각이 나는 것처럼 말이다.

그러므로 모든 답변은 간단명료하게, 서론-본론-결론의 구성으로 준비하되 결론을 먼저 이야기하는 방식으로 준비해 보라. 게다가 이는 보고서의 원리와도 통하니, 어쩌면 좋은 답변 구성으로 인해 더 많은 점수를 얻게 될 수도 있다. 왜냐하면 보고서 작성은 당신이 입사해서 주로 담당할 업무 중 하나가 될 것이 분명하기 때문이다.

필자는 취업 현장에서 오랜 시간 컨설팅을 하면서, 딱 처음 만나는 순간 합격을 할 것이라 보이는 지원자들에게는 그들만의 특징이 있다는 사실을 깨달을 수 있었다. 그것은 바로 '준비된 자세'였다. 이는 단순히 잘 암기했거나 많은 내용을 말한다는 것이 아니다.

사소한 답변 준비라도 깊이 생각해 보고, 자신에게 적합한 답변을 찾으려고 보다 노력하고, 컨설팅 진행 시에도 적극적으로 다양한 이

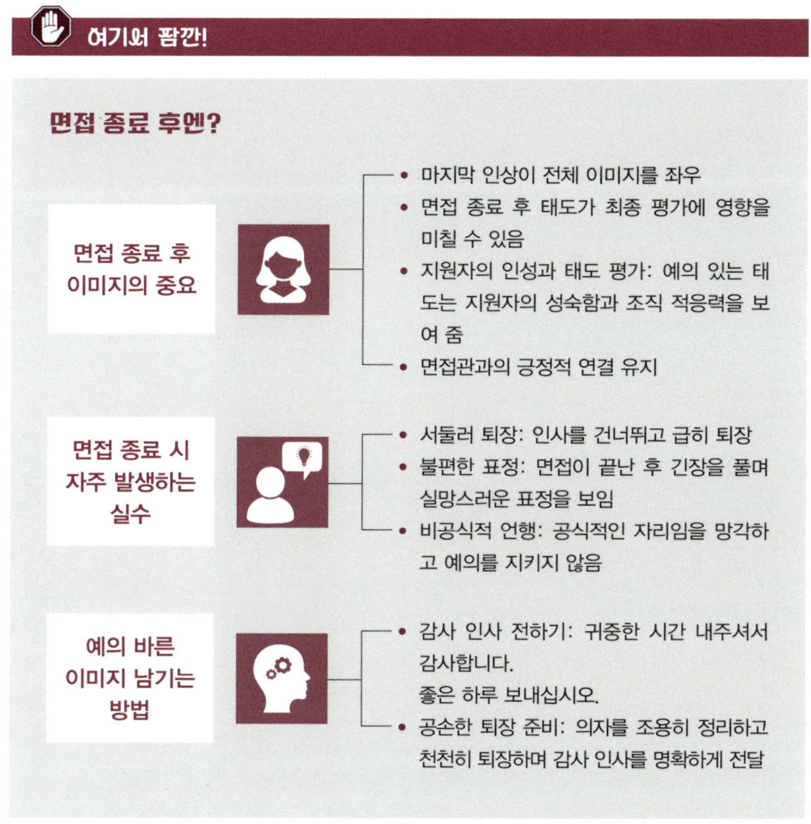

야기를 나누기 때문에 더 많고 좋은 사례를 뽑아낼 수 있는 것이다.

그러므로 원하는 곳에 취업을 하고 싶다면, 기업이 당신에게 원하는 것이 무엇인지를 먼저 살펴보라. 그리고 내 안에서 그에 부합하는 사례와 이야기를 정리하여 전달할 수 있도록 해 보시길 바란다. 진정성이 담긴 소통은 분명 늘 좋은 뜻과 길을 보여 주기 마련이니까.

1) 자기소개를 해 주세요

자기소개는 쉽게 말해 지원자에 대한 예고편이다. 노련한 면접관은 지원자가 말하는 1분 내외의 짧은 자기소개만 듣더라도 준비가 잘된, 괜찮은 취준생인지 아닌지를 쉽게 판단한다.

따라서 당신이 면접관의 관심을 확실히 끌고 싶다면, 자기소개에서 직무상 강점만 임팩트 있게 설명하는 것을 추천한다. 대외 활동이나 업무 경험을 육하원칙에 맞추어 간략하게 소개하고, 이어질 면접에서 자세히 알려 드리고 싶다는 것을 피력한다.

이때 자기소개는 일종의 예고편이기 때문에 파워풀한 성과는 미리 말하지 않고 궁금하게끔 살짝만 말해도 무방하다. 반면, "에스프레소와 같은 지원자, ○○○", "포기를 모르는 지원자, ○○○" 등 추상적이고 애매한 표현으로 소개하거나 묻지도 않은 단점이나 성장 과정은 말하지 않는 것이 좋다.

지원한 직무에서 필요로 하는 지원자가 바로 나라는 것을 알려 주고 싶다면 나만의 업무상 강점만 간략히 소개해서 오늘 면접이 굉장히 의미 있을 것이란 걸 보여 주는 것이 자기소개의 가장 중요한 기능이다.

2) 이 회사에 왜 지원하셨나요?

대부분의 지원자가 가장 어렵게 느끼는 대표적인 질문이 바로 지원 동기다. 어디까지 솔직하게 말해야 하는지도 고민되고 취업 때문에 채용 공고를 찾다 보니 어쩌다 지원했다고 말할 수도 없는 노릇. 반면, '면접관이 좋아하겠지'라며 혼자 착각하고 회사의 비전과 뻔한 가치관을 아부성으로 답변한들 면접관은 결코 감동하는 법이 없다. 진정성 없이 꾸민 말은 상대방에게 공감대를 절대 불러일으킬 수 없기 때문이다. 해당 질문의 핵심은 지원 직무와 산업을 제대로 알고 지원한 건지, 그리고 입사하게 된다면 어떤 부분에 빠르게 기여할 수 있을지를 진심으로 고민하고 지원한 건지가 궁금해서 물어본 것이다.

이에 지원자는 직무와 채용 공고 내용을 확실하게 이해하고 지원했다는 것을 자신만의 경험으로 설명해야 한다. 예를 들어, ○○회사 마케팅 부서에 지원했다면 영업도, 인사도, 회계나 재무도 아닌 왜 마케팅을 선택한 것인지를 확실하게 얘기하고, 해당 업무를 잘 해낼 확신이 있어서 지원했다고 구체적으로 답변해야 한다. 면접관에 따라서는 "왜 ○○산업에 지원한 것인지?", "왜 우리 회사에 지원한 것인지?" 혹은 "왜 하필 ○○ 포지션에 지원한 것인지?" 등 지원 동기 질문을 세부적으로 물어보기도 한다.

이에 지원자는 ○○ 직무에 대한 확신과 관련한 역량, 경험까지 있기 때문에 지원하지 않을 수 없었다는 것을 과거 예시를 들어 설명할 수 있어야 한다. 스토리텔링 기법으로 논리 있게 답변한다면 면접관 역시 쉽게 납득되기 때문에 그 방법을 추천한다. 지원 동기는 대면 면접은 물론, 기업에 따라서 전화 영어 면접에서도 꼭 나오는 질문이기 때문에 사전에 확실하게 준비하고 있어야 한다.

3) 우리 회사와 지원한 업무에 대해서 아는 만큼 설명해 보세요

지원자는 말 그대로 후보자일 뿐 아직 회사의 일원이 아니다. 즉, 회사의 모든 정보를 잘 안다고 생각하고 물어보는 질문이 아니라는 것이다. 이는 지원자가 진정으로 해당 업무를 원하는 게 맞는지와 관심도까지 파악할 수 있는 아주 좋은 질문이다. 면접 전 회사와 관련한 정보를 얼마나 전략적으로 리서치했고, 수집된 정보로 본인이 지원한 업무에서는 어떤 역할을 하게 될지까지 고민해 봤는지도 알아낼 수 있다.

예를 들어, 마케팅을 지원한 후보자라면 회사에 대한 기본적인 정보는 물론 회사가 그동안 어떤 마케팅을 펼쳐 왔는지 공부한 것을 영어 인터뷰까지 대비해서 설명할 줄 알아야 한다. 그리고 지원한 포지

선의 담당자가 됐을 때 예상되는 업무와 책임은 무엇인지도 말하고, 어떻게 적응해서 도움이 되는 조직원이 될 수 있다는 것을 답변하는 것이 효과적이다.

4) 본인만의 장점과 단점은 무엇이 있을까요?

이 질문에는 자신의 성격을 표현할 키워드 1~2가지를 선택하여 상대방이 이해하기 쉽게 예시로 설명하는 것이 가장 좋다. 회사에서 알고 싶은 것은 지원자의 실제 성격이 업무에 어떤 긍정적인 영향을 주는지이다.

예컨대, 당신이 A 또는 B와 같은 성격의 장점이 있다고 말했다면 이러한 성격 덕분에 업무 처리에 어떤 효율을 줬는지 구체적인 사례와 성과로 설명해야 한다. 반면, 단점은 면접관이 걱정하지 않을 정도로 무겁지 않게 표현하는 것이 요령이다. 이 부분에서 무엇보다 중요한 것은 자신의 취약점을 이미 잘 알고 있기 때문에 그동안 이를 극복해 가기 위해 어떻게 관리해 왔고, 또 어떻게 극복할 수 있었는지를 설명하는 것이다.

또한, 단점은 누구나 있기 때문에 지나치게 포장하는 것은 피해야 한다. 스스로가 단점을 개선하기 위해 노력한 부분과 그 덕분에 지금은 주변에 도움이 되는 사람으로 인지되고 있음을 성숙한 자세로 설명하는 것이 현실적이며 알맞은 답변이다. 성격의 장단점은 영어 면접에서도 반드시 나오기 때문에 한국말을 그대로 번역해서 어색하게 답변해서는 안 되며, 적확한 영어 표현을 익힌 후 미리 연습하는 것이 중요하다.

5) 당신이 왜 뽑혀야 한다고 생각하나요?

'뽑힌다'라고 하는 질문의 핵심 단어에서 바로 드러나듯, 지원자가 해당 직무를 잘 해낼 확신이 있는지 확인하고자 압박하듯 물어보는 질문이다. 이 질문은 한국어뿐만 아니라 전화 영어 인터뷰에서도 면접이 끝나 갈 무렵에 주로 나오며 면접관의 뉘앙스를 잘 파악하고 답변하는 것이 요령이다.

예를 들어, 30분에서 1시간 정도 충분히 대화를 나눈 상태에서 면접 분위기가 무난하게 좋았다면 아직 다 말하지 못한 나만의 강점을 추가적 설명하고 자신이 채용된다면 기업 입장에서 분명히 만족할 것이란 자신감을 보여 준다. 반면, 면접 분위기가 좋지 않고, 뭔가 모를 아쉬운 분위기가 형성됐다면 앞서 답변한 내용을 빨리 되돌아보는 것이 우선이다. 그리고 설명이 미흡했던 부분을 보충하는 의미로 면접관에게 자신의 직무상 강점을 다시 강조하여 팀에 분명 도움이 될 것이라고 말할 수 있다.

6) 성공했거나 실패했던 프로젝트를 설명해 주세요

누구나 성공과 실패를 경험하기 때문에 면접관은 지원자만의 사례를 들어 보고 건강한 멘털을 소유하고 있는 지원자인지 확인한다. 이때 성공한 경험은 개인의 추진력, 팀원과 협업하는 스킬로 언급할 수 있다. 때문에 앞으로도 유사한 업무를 맡게 된다면 숙련된 자세로 더 잘 해낼 수 있다는 것을 신뢰 있게 답변하는 것이 좋다.

여기서 가장 중요한 것은 지원하는 산업, 업무에서 관심을 가질 만한 에피소드를 전략적으로 선택하는 것이다. 반면, 실패 경험은 자신의 업무와 행동에 대한 미흡했던 부분을 되돌아보며 인정하는 자세를 보여 줄 수 있다. 포기로 끝난 것이 아니라 이를 교훈 삼아 어떻게 발전하고 개선했는지까지 말하는 것이 핵심이다. 이 과정에서 스스로에게 어떤 성장이 있었는지와 오히려 지금은 더 강력한 직무상 스킬을 보유하게 됐음을 설명해 준다.

다만, 누군가에게 치명적인 해를 입혔거나 회사에 막대한 손실을 일으킨 극단적인 예시를 사용한다면 아무리 잘 극복했다고 하여도 면접관은 부정적으로 기억하니 상황에 맞추어 적합한 사례를 선택하는 것이 핵심이다. 여기서도 지원자들은 과유불급(過猶不及)을 잊지 말라! 지속 반복해서 언급하고 있지만 면접에서도 과한 것은 부족한 것만 못한 법이다. 면접관들도 사람이기에 시쳇말로 '오버(over)'하는 것은 대부분 좋지 않게 생각한다.

7) 상사나 동료와의 갈등을 해결했던 경험을 말해 주세요

회사는 하나의 큰 조직이고 결코 혼자 일하는 공간이 아니다. 다양한 성향과 개성을 지닌 사람들이 함께 어우러져 있기에 상사, 동료와의 갈등이 생기는 것도 일견 자연스럽다. 일반적으로 면접관은 지원자가 공동의 목표를 실현하는 과정에서 얼마나 지혜롭게 소통하는 성숙한 사람인지 궁금하기에 이 질문을 물어본다.

따라서 대화를 통해 잘 해결하겠다는 뻔한 답변으로는 면접관의 마음을 절대 사로잡을 수 없다. 과거 자신이 경험한 상황을 간략하게 설명하고, 쉽지만은 않았지만 어떤 대화나 행동으로 해결점을 찾았는지 답변하는 것이 중요하다. 아울러 부하 직원으로서 상사를 대하는 모범적인 태도를 표현할 때 무조건 잘 보이기식의 아부성 답변이 아닌, 조직에서의 당연한 행동이라는 것도 실제 예시로 설명한다.

이는 지원자의 인성도 파악할 수 있는 대표적인 질문이기도 하므로 일관성 있고 진솔하게 답변하는 것이 무엇보다 핵심이다. 그리고 만일 면접관이 외국인일 경우에는 문화와 정서적으로 사고방식의 차이가 존재하기 때문에 상대방의 입장에서도 상황이 충분히 이해될 수 있는 표현을 선택하도록 어휘 사용에 각별히 신경 써야 한다.

8) 스트레스를 어떻게 관리하나요?

스트레스(stress)는 극단적이고 괴로운 감정만을 일컫는 말이 아니다. 맡은 업무를 더 잘 해내려는 과정이나 새로운 아이디어를 고민할 때 생기는 긍정적이고 역동적인 긴장감일 수 있는 것이 바로 스트레스다. 따라서 인턴, 신입, 경력, 임원진에 이르기까지 누구나 스트레스에 노출되지만, 이를 자신만의 방법으로 어떻게 건강하게 컨트롤하는지 설명하면 된다.

면접관은 스트레스 관련 질문을 통해 지원자가 미성숙한 태도로 주변에 악영향을 주는 일원이 될지 안 될지를 파악할 수 있다. 혼자 일하다가 폭발하여 그만두고 나가지는 않을지 혹은 스트레스 관리가 전혀 되지 않아 주변 사람들을 불편하게 할 직원은 아닌지 예측할 수 있다.

이에 지원자는 앞서 설명한 단점 답변과 마찬가지로 심각하고 치명적인 예시를 사용하지 않는 것이 요령이다. 스스로가 어떤 부분에서 예민한 감정을 느끼는지 잘 알고 있으며, 자신만의 건강한 해소법까지 있다는 것을 지혜롭게 설명하면 최상의 답변이 된다.

9) 당신의 커리어 목표는 무엇인가요?

지원자들에게 커리어 목표를 질문하면 으레 대부분 제대로 답변하지 못하기 마련이다. 현장에서 상담과 교육을 진행해 보면 대다수가 "입사 후에는 ○○ 전문가가 되겠다"거나, "○○ 스페셜리스트로 성장하겠다"라는 아주 뻔한 답변을 한다. 그러나 면접관은 지원자가 앞으로 우리 회사에 입사하게 된다면 얼마나 오랫동안 근무할 계획이고, 또 어떻게 성장해서 우리에게 도움이 되는 전문가가 될 수 있을지가 궁금해서 물어본 질문이다.

그러므로 당신은 미래의 일이지만 입사하길 희망하는 직무의 전문가로서 앞으로도 변함없이 성장하고 싶다는 의지를 보여 주어야 한다. 예컨대, 그동안 이를 위해 어떤 노력을 해 왔고 앞으로는 ○○ 직무 담당자로서 어떤 노력을 할지를 설명할 수 있다. 나아가 이에 따라 어떤 공부가 필요할 것이며, 어떻게 습득하여 실무에 응용해 낼지 현실적인 계획까지 설명하면 금상첨화다. 끝으로 개인과 회사의 발전을 위해 달려 나갈 준비가 되어 있다는 지원자임을 밝히고 실천을 통해 커리어 목표를 이루겠다는 진정성 있는 답변을 하면 그걸로 합격이다.

10) 입사 후 포부를 말해 보세요

커리어 목표와 유사하게도 입사 후 포부 역시 실현 가능한 구체적인 목표만을 말하는 것이 관건이다. 열이면 아홉 이상의 지원자들은 입사하게 된다면 누구보다 열심히, 성실히 매진하겠다고 결의에 찬 끝맺음을 하지만, 사실 그런 말을 듣는 면접관은 별 감흥을 느끼지 못한다.

왜냐? 누구나 하는 너무 뻔한 답변이기 때문이다. 그러나 제대로 준비한 1명의 지원자는 회사 및 팀의 목표에 맞추어 현실적으로 어떤 부분에 당장 기여할 수 있다는 것을 구체적으로 상세하게 답변한다. 준비된 지원자는 입사 후에는 어떤 행동이 필요한지 고민한 사항을 명확하게 제시할 줄 안다.

이런 점에서 입사 후 포부는 반드시 직무와 연관 지어 설명해야 해당 업무를 정확히 이해했다는 신뢰와 믿음을 면접관에게 줄 수 있다. 그 결과, 면접관은 각 업무를 수행할 계획과 의지가 구체적으로 담긴 지원자의 입사 후 포부를 듣고 감동에 휩싸이며 조용히 '합격'이라는 메모를 남기게 된다.

면접이 끝난 후에 대한 궁금증

Q: 면접을 마치고 결과 발표될 때까지 어떻게 기다리면 될까요?

A: 많은 지원자들은 면접 합격 결과가 어떠한 방식으로 발표되는지 궁금해한다. 하지만 기업마다 면접 평가 방식과 통보 시스템이 다르기 때문에 단정 지어 말하기는 어렵다. 몇몇 기업들은 공식 채용 홈페이지에서 확인이 가능한 경우도 있으며, 전화나 메일로 결과를 통보하는 기업들도 있다.

보통 지원자들의 대부분은 면접 후 빠른 시일 내에 연락받기를 희망한다. 하지만 기업에서는 지원자가 예상하는 것보다 결과 통보까지 시간이 소요되는 경우가 있다. 따라서 면접 결과를 기다릴 때는 이미 지나간 면접에 연연해하지 않고 업무와 다른 활동에 집중하는 것이 좋다. 만약 정해진 기간 내에 연락을 받지 못했다면, 지원 기업에 전화를 걸어 문의해 볼 수도 있다.

A: 우선 개별 면접이 진행되는 기업의 경우에는 아직 면접이 끝나지 않은 지원자가 있는 경우가 있다. 지원자가 다수인 경우, 인사 담당자들은 모든 지원자와 한 차례씩 면접을 본 후에 최종 평가를 내리고 합격자를 결정한다. 따라서 면접이 끝나지 않은 지원자가 있다면, 면접 결과 발표 시기가 늦어질 수 있다.

Q: 면접 평가에 시간이 걸리는 경우에는 어떤 것들이 있나요?

A: 만일 면접 장소에 여러 명의 인사 담당자가 있다면 각 면접관의 의견이 엇갈리는 경우도 있다. 이 경우 합격 여부를 결정하는 데 많은 시간이 소요되기도 한다. 1차 면접과 2차 면접을 모두 고려하여 지원자를 평가하게 되면 심사는 더욱 길어지게 된다. 또한, 임원 면접의 경우 모든 임원의 일정을 맞추기 어렵거나, 채용 담당자의 병가 또는 휴가가 겹치는 등 기업 내부적인 상황으로 인해 결과 발표가 늦어질 수도 있다.

Q: 면접 불합격자에게 불합격을 통보하지 않는 경우도 있나요?

A: 기업에 따라 다르지만, 다음 면접에 올라가지 못한 지
원자에게는 따로 연락을 하지 않는 기업도 있다. 이 경
우에도 기업에 문의해 볼 수 있지만, 불합격 문의에 대
한 답변을 받지 못할 수 있다.

Q: **기업에 면접 결과를 문의해도 될까요?**

A: 면접 결과 발표가 늦어지면 많은 지원자들이 결과를
직접 문의해도 되는지 궁금해한다. 만약 면접 후 일주
일이 경과했다면 지원 기업에 정중하게 연락해 볼 수
있다. 하지만 여러 번 문의하는 것은 좋지 않은 인상을
줄 수 있으므로 되도록 삼가는 것이 좋다.

Q: **면접 마친 지 2주가 지났는데도 아무런 결과를 듣지
못했을 때는 어떻게 할까요?**

A: 2주나 지났음에도 지원 기업에서 아무런 연락이 없다
면, 주저하지 않고 다른 기업을 알아보고 지원하는 것
을 추천한다. 다른 기업을 알아보는 과정에서 지원했
던 기업보다 더 좋은 조건의 기업을 찾게 될 가능성도
있으니 절대 포기하지 말기를 바란다.

역량 및 인성 면접 핵심 대비법

역량 면접과 인성 면접 필수 문항 정리

이번 주제에서는 역량 및 인성 면접을 준비하면서 나올 만한 질문들을 정리해 보았다.

다시 한번 주지하지만, 면접의 목적은 기업이 자신들과 같이 일할 사람을 뽑는 것이다. 그러므로 답변은 항상 명쾌하면서도 분명하고 확실해야 한다. 따라서 '두괄식 구조'로 답하는 것이 좋다.

앞선 챕터에서도 설명했지만, 결론부터 명확하게 이야기하는 습관을 들이자. 쓸데없이 구구절절할 필요 없다. 질문의 방향성을 빠르게 해석하고, 답하는 것이 성공적인 답변을 위한 최대 관건이다. 그 비법은 다음과 같다.

❚ 나의 역량(필살기 = 직무 관련 경험 + 성과 + 인사이트)을 고려한 답변을 준비한다!

이와 관련한 면접 질문 유형은 아래와 같다.

(1) 직무, 기반 역량: 직무와 연관한 어떠한 노력과 경험을 했는가?

(2) 회사에 대한 충성도(로열티): 지원한 회사에 대한 정보를 얼마큼 알고 있는가?

(3) 인성, 태도, 조직관: 지원자는 어떤 인격과 성격을 가지고 있으며, 입사 후에는 회사에 어떻게 기여할 것인가?

역량, 인성 면접에서도 반드시 물어보는 질문이 있다.

1) 자기소개

자기소개의 목적
좋은 첫인상, 지원 동기를 어필

면접관이 자기소개에서 원하는 것
icebreaking, 지원 동기, 자소서를 읽을 시간 확보

좋은 자기소개란?
자기소개에서 꼬리 질문이 들어오도록 하라. 즉, 내가 준비한 답변을 말할 수 있는 질문을 유도하는 것이다.

“안녕하십니까, 지원자 ○○○입니다. 고객을 만족시킬 수 있는 서비스를 제공해 보고자 ○○○에 지원하게 되었습니다. 저는 동물병원 EMR 시스템을 개발하여 교내 창의 발명 경진 대회에서 금상을 수상한 경험이 있습니다. 또 대학원 과정 중에는 인공 지능 진단 시스템을 개발하여 진단율을 90%까지 개선한 경험이 있습니다. 그러나 두 시스템의 상용화에는 어려움을 겪었으며, 이는 사용자의 비즈니스 로직과 사용 경험을 고려하지 못한 것이 원인이었습니다. 이러한 경험을 통해 고객 중심 서비스의 중요함을 절감했고, 고객이 만족하는 서비스를 제공하는 엔지니어로 성장하고자 하는 목표와 비전을 갖게 되었습니다. 입사 후에는 진정으로 고객 가치를 제공할 수 있는 일에 매진해 보고 싶습니다.”

2) 지원 동기

이 항목은 입사 후에 업무에 몰입할 수 있는 사람인가를 확인하는 질문이다.

지원 동기와 유사한 질문들

(1) 왜 이 직무/부서에 지원하셨나요?

(2) 어떻게 이 회사를 알게 되었을까요?

(3) 왜 개발자가 되고 싶으신가요?

(4) 지원한 동기가 무엇인가요?

(5) 이 부서/직무가 어떤 직무인지 아시나요?

성공하는 답변 방법

인성과 역량을 묻는 면접이기 때문에 항상 '이타적 지원 동기', 다시 말해서 자신의 이타성, 배려심, 솔선수범 등을 강조하는 것이 좋다.

지원 동기 질문 예시

왜 우리 회사에 지원하셨나요?

좋은 답변 예시

"○○○기업이 넓은 분야의 고객사들에게 만족을 주는 서비스를 제공하여 성과를 내는 것에 큰 인상을 받았습니다. 저는 제가 개발한 서비스가 사용자에게 만족을 주지 못한 경험이 있습니다. 이에 이를 보완하여 사용자 중심 서비스를 개발하고 제공할 수 있는 엔지니어로 성장하는 목표를 이루어 ○○○기업의 발전에 일조하기 위해 지원했습니다."

3) 강점 및 특징

지원자의 강점은 무엇인가요?

이 문항은 본질적으로 지원자를 뽑아야 할 이유가 무엇인지 묻는 질문이다.

(1) 다른 사람과 차별화된 지원자의 강점은 무엇인가요?

(2) 회사가 여러분을 뽑아야 하는 이유가 무엇인가요?

(3) 성공 경험을 이야기해 주시겠어요?

(4) 강점을 통해 성과를 낸 경험이 있다면 이야기해 주시겠어요?

(5) 문제를 해결한 경험을 이야기해 주세요.

성공하는 답변 방법

액션과 결과를 먼저 말한 뒤, 상황 배경을 설명하라.

질문 예시

성공한 경험 및 강점을 이야기해 주시겠어요?

좋은 답변 예시

"네, 저는 진단 인공 지능 모델 개발을 위하여 데이터를 수집하는 장비를 새로이 세팅하고, 데이터를 수집 및 분류하여 모델 성능을 90%까지 개선시킨 경험이 있습니다. 이렇게 성능을 크게 개선할 수 있었던 것은 병원, 연구소, 청음샵 등 전문가들에게 쉽게 다가갈 수 있는 친화력과, 문제 해결을 위해 소통하는 능력이 있었기 때문이라고 생각합니다."

4) 성격의 장단점

지원자의 성격의 장단점은 무엇인가요?

이 질문은 자기 객관화가 잘되어 있는 사람인가를 확인하는 질문
이다. 즉, 우리 회사에서 잘 적응할 수 있을까를 확인하는 문항이다.

유사 질문

(1) 힘들었던 경험이 무엇인가요?

(2) 같이 일하기 힘든 사람은 누구인가요?

(3) 주변 사람들은 본인을 어떤 사람으로 평가하나요?

(4) 어떤 별명을 가지고 계신가요?

성공하는 답변 방법

단점은 극복했던 요소를 구체적인 경험과 함께 제시하라.

질문 예시

지원자의 성격의 장단점은 무엇인가요?

좋은 답변 예시

"무엇보다 사람에게 쉽게 다가가는 것이 저의 장점입니다. 인공 지
능 진단 시스템을 만들기 위하여 병원, 악기샵, 연구소 등 다양한 분
야의 사람들을 만날 수 있었습니다. 이러한 경험을 통해 다른 사람들
과 같이 문제 해결을 할 수 있었습니다. 반면, 저의 단점은 성격이 다

소 급하다는 것입니다. 대학원 과정 중 인공 지능 진단 시스템의 성능이 무의미한 결과가 나온 적이 있습니다. 이는 빠르게 결과를 확인하고 싶은 마음에 수집한 데이터를 확인해 보지 않은 결과였습니다. 이러한 실수를 재발하지 않게 하기 위하여 작은 단위의 변경 사항이 있더라도 백업하고 확인하게 되었습니다."

5) 마무리 질문

마지막으로 할말이 있으신가요?

이 문항은 면접을 최종적으로 마무리할 때, 면접관으로서 지원자의 매너를 확인하는 질문이다.

유사 질문

(1) 마지막으로 궁금한 것이 혹시 있으신가요?

(2) 혹시 하지 못한 말이 있으신 분 계신가요?

(3) 끝으로 질문을 하나씩만 해 주세요.

성공하는 답변 방법

겸손하게 마무리하는 것이 핵심이다. 예의 바른 지원자임을 각인할 수 있게 임팩트를 주도록 한다.

질문 예시

마지막으로 궁금하신 것 있으신가요?

"네, 이번 면접 기회를 통해서 ○○○회사에 대해 더욱 깊게 이해할 수 있는 계기가 되었습니다. 바쁘신 와중에 ○○○회사에 적합한 최고의 인재를 뽑기 위해 시간을 내 주신 면접관님께 큰 감사드립니다. 감사합니다."

6) 그 외의 질문들

질문 예시

지방 파견을 가게 된다면 어떻게 하시겠나요?

좋은 답변 예시

"저는 어떤 곳에서도 일을 할 수 있다는 자신감을 가지고 있습니다. 저는 연고가 하나도 없는 부산에서 인턴 근무를 한 적이 있습니다. 대학원 과정 중 출장 및 학회 방문 등에서도 일에 지장을 받은 적이 없습니다. 오히려 직접 고객사분들을 만날 수 있는 기회이며, 고객사의 만족을 위한 서비스를 제공하기 위하여 필요하다고 생각합니다."

질문 예시

취미로는 무엇이 있나요?

좋은 답변 예시

"저의 취미는 등산입니다. 힘들지만 꾸준히 오르다 보면 어느 순간

정상에 도착한 저를 볼 수 있습니다. 스트레스를 너무 많이 받거나 힘든 일이 있을 때 친구들과 같이 종종 등산을 가곤 합니다. 등산을 해 보니 체력도 길러지고, 기분 전환도 되며, 새로운 아이디어도 얻는 시간이라 매우 유익하다고 생각합니다."

질문 예시

학점이 그다지 좋지 않은 것 같은데, 특별한 이유가 있나요?

좋은 답변 예시

"네, 그렇습니다. 저는 학부 과정에서 학점이 분명 좋지 않았습니다. 변명의 여지가 없지만, 흥미를 느끼지 못한 과목에서는 소홀했던 결과입니다. 학점 관리에 신경 쓰지 못한 것은 후회스러운 일이었으며, 후회를 만회하기 위하여 대학원 과정에서는 학점에 더욱 신경 쓰며 학업과 연구에 매진한 결과, 평점 4.3을 받을 수 있었습니다."

질문 예시

향후 10년 후에는 어떤 사람이 되어 있을 것 같나요?

좋은 답변 예시

"10년 후에 저는 고객사에게 만족을 주는 서비스를 제공할 수 있는 유능한 엔지니어로 성장하고 싶습니다. 이를 위해 ○○○기업에서 제공하는 다양한 교육 기회와 프로젝트 경험을 통해 고객사에 더 가까이 다가갈 수 있는 엔지니어로 거듭나겠습니다."

많은 컴퓨터 언어를 사용했던데, 가장 자신 있는 언어는 무엇인가요?

"네, 저는 Javascript 언어가 가장 자신이 있습니다. 최근 Node, Express 프레임워크를 사용하여 쇼핑몰 프로젝트를 진행한 경험이 있기 때문입니다."

입사하더라도 원했던 개발 업무를 못 할 수도 있는데 괜찮은가요?

"네, 저는 다른 업무가 배치되더라도 고객의 만족을 위한 서비스를 제공하기 위한 일의 일부라고 생각합니다. 또한, 개발 업무는 ○○○ 기업 자체에서 꾸준히 배워 나갈 수 있다고 생각하기에 어떤 업무가 주어지더라도 성실히 최선을 다할 자신이 있습니다."

자기소개서를 보니 고객 만족을 달성한 경험이 있던데, 고객을 만족시킬 수 있는 서비스란 무엇인가요?

"제가 경험한 바에 의하면, 고객의 비즈니스 로직을 고려하고, 사용자 경험을 더욱 긍정적으로 개선시킬 수 있는 서비스가 고객을 만족시킬 수 있는 서비스라 생각합니다."

Part 2

실전 면접 속으로

기본적인 질문부터 완벽하게 대비하라

면접은 취업 과정에서 가장 중요한 단계라 해도 과언이 아니다. 취업 당락을 결정하는 최종 관문이기 때문이다. 면접관은 지원자의 역량, 경험, 성격 등을 파악하기 위해 다양한 질문을 한다. 이번 장에서는 취준생이 준비해야 할 기본적인 질문에서부터 분야별 심화 문항까지 살펴보고자 한다.

1) 기본적인 질문

(1) 자기소개하기

Q: 자기소개를 해 보세요.

A: "안녕하세요, 저는 ○○○대학교에서 경영학을 전공한 ○○○입니다. 대학 시절 다양한 프로젝트와 대외 활동을 통해 팀워크와 리더십을 키웠습니다. 특히 마케팅 인턴십을 통해 실무 경험을 쌓았고,

이를 바탕으로 귀사에서 마케팅 전문가로 성장하고 싶습니다.”

간단히 자기소개를 해 보라는 질문은 대다수 기업에서 빠짐없이 던지는 물음이다. 이러한 질문의 의도는 지원자가 면접에 임하는 마음가짐을 확인하고, 면접관과 지원자 사이의 감정적 거리를 줄이며 지원자의 캐릭터를 파악하기 위해서이다. 그러니 너무 긴장하지 말고 자연스럽게 접근하는 것이 좋다.

답변 예시

“안녕하십니까, 매출 목표 달성을 지속해서 이끌어 내는 영업 인재를 꿈꾸는 지원자 ○○○입니다. 저에게 있어 영업이란 단순한 이익 창출이 아닌 고객의 마음을 사는 일이라고 생각합니다. 예전에 핸드폰 판매 아르바이트를 하면서 고객과의 소통이 얼마나 중요한 것인지 느끼고 배웠습니다. 처음 2, 3주 동안은 제품 소개에만 치중해 고객의 소리를 제대로 듣지 못해 시행착오도 많이 겪었지만 저의 가장 큰 장점인 친근한 미소와 사교성을 바탕으로 고객의 소리를 듣기 시작했고, 결국 판매 우수 사원 타이틀을 차지하기도 했습니다. 몸으로 익힌 서비스 정신을 바탕으로 최고의 고객 만족을 실현하고 기업의 활력소가 되어 최고의 영업 사원이 되고 싶습니다. 이상입니다.”

(2) 자신의 강점 및 약점 말하기

Q: 자신의 강점과 약점은 무엇인가요?

A: "저의 강점은 문제 해결 능력입니다. 프로젝트 진행 중 발생한 문제를 분석하고 해결 방안을 제시하여 팀을 성공적으로 이끌었습니다. 약점은 가끔 세부 사항에 지나치게 집중하는 경향이 있다는 점입니다. 이를 개선하기 위해 전체적인 그림을 보는 연습을 하고 있습니다." (여기에 더하여 '세부적인 경험'을 간단하게 제시하면 된다.)

질문 의도

이처럼 강점과 장점에 대해 묻는 이유는 지원자 스스로 장점과 강점을 잘 알고 있는지, 그리고 그것을 업무에 긍정적으로 적용시킬 수 있는지 파악하기 위해서다. 따라서 과거 사례를 통하여 자신의 장점을 바탕으로 긍정적 에피소드를 이야기하여 장점을 잘 활용할 수 있음을 설명해야 한다.

답변 예시

"저의 강점은 뛰어난 커뮤니케이션 능력입니다. 그것은 팀 동료들과 업무를 공유하고 함께해 나가는 데 있어서 반드시 필요한 부분이라고 생각합니다. 학창 시절 팀원들과 의견을 조율을 할 때에도 옳고 그름으로 반박하는 것이 아니라 팀원이 하는 말을 경청하고 정리해서 되묻는 방식으로 소통을 함으로써 의견 수렴이 원활하게 될 수 있었습니다. 저의 이러한 장점을 살려 ○○○○기업에 입사하게 된다면 동료들과의 팀워크를 향상시키고 부서 내에서 일의 능률을 끌어

올릴 수 있는 인재가 되겠습니다."

2) 경력 및 경험 관련 질문

(1) 이전 직장에서의 성과

Q: 이전 직장에서 어떤 성과를 이루었나요?

A: "이전 인턴십에서, 저는 마케팅 캠페인을 기획하고 실행하여 20% 이상의 고객 참여율 증가를 달성했습니다. 이를 통해 데이터 분석과 창의적인 문제 해결 능력을 배양할 수 있었습니다."

(2) 프로젝트 해결 사례

Q: 어려운 프로젝트를 어떻게 해결했나요?

A: "대학교 팀 프로젝트에서, 팀원 간의 의견 차이로 어려움을 겪었습니다. 저는 중재자로서 각자의 의견을 정리하고 합의점을 찾아 문제를 해결했습니다. 결국 프로젝트는 성공적으로 마무리되었고, 팀워크의 중요성을 다시 한번 깨달았습니다."

3) 직무 관련 질문

(1) 직무 선택 이유

Q: 이 직무를 선택한 이유는 무엇인가요?

A: "마케팅 분야에 대한 열정과 고객의 니즈를 이해하고 충족시키는 과정에서 큰 보람을 느끼기 때문에 이 직무를 선택하게 되었습니

다. 귀사의 혁신적인 마케팅 전략에 기여하고 싶습니다."

(2) 지원 이유

Q: 이 회사에 지원한 이유는 무엇인가요?

A: "귀사는 업계에서 혁신적인 기업으로 알려져 있습니다. 특히 최근의 디지털 마케팅 캠페인은 매우 인상적이었습니다. 저는 귀사의 창의적인 팀에서 일하며 성장하고 싶습니다."

질문 의도

지원한 동기를 묻는 질문도 흔하지만 핵심적인 항목이다. 이러한 질문을 하는 이유는 지원자의 입사 희망 의지를 파악하기 위함이다. 지원한 동기(목표)가 논리적으로 명확해야 실제 업무에서도 잘할 수 있을 것이라고 판단하기 때문에 면접관들은 이러한 질문을 던진다. 따라서 자신의 전공과 경험, 적성, 자격증 및 기타 스펙 등을 감안하여 왜 이 기업의 지원 직무를 선택하게 되었는지에 대해 명쾌한 답변을 준비해야 한다. 동기가 불명확하거나 우물쭈물하면서 제대로 지원한 이유를 답변하지 못하면 면접관에게 신뢰를 주기 어려워 이어지는 문항에서도 좋은 인상을 이어가기 힘들다는 점을 꼭 기억하자.

답변 예시

"저의 커뮤니케이션 능력으로 직원과 기업 모두가 성장할 수 있는 원동력을 제공하는 사람이 되고 싶어 ○○○○회사 인사 관리 직무에 지원하게 되었습니다. 저는 학생회장 경험을 통해서 인사라는 업무에 흥미를 느꼈습니다. 부장과 부원을 선발하고, 역할에 맞는 업무를 정의하는 것은 물론이고 1년 동안 학과 내 활동 계획을 수립하였습니다. 그러면서 인사라는 것은 조직이 유기적으로 움직이게 하는 원동력을 제공하는 역할이라는 점을 깨달았습니다. 따라서 저의 강점인 커뮤니케이션 능력을 바탕으로 ○○○○회사의 원동력을 제공하는 ○○인이 되겠습니다.”

4) 문제 해결 및 상황 대처 능력 질문

(1) 상황 대처법

Q: 예상치 못한 문제에 직면했을 때 어떻게 대처하나요?

A: “예상치 못한 문제가 발생하면, 먼저 상황을 분석하고 원인을 파악합니다. 그런 다음 가능한 해결 방안을 모색하고, 팀원들과 협력하여 최선의 해결책을 선택합니다. 이를 통해 문제를 효과적으로 해결할 수 있습니다.”

(2) 갈등 상황 해결법

Q: 갈등 상황을 어떻게 해결하나요?

A: “갈등 상황에서는 먼저 각자의 입장을 경청하고 이해하려고 노력합니다. 그런 다음 중재자로서 공정하게 문제를 해결하고자 합니다. 모두가 만족할 수 있는 합의점을 찾아 협력할 수 있도록 합니다.”

5) 미래 목표 및 성장 관련 질문

(1) 5년 후 자신의 모습

Q: 5년 후 자신의 모습은 어떨지 말씀해 보세요.

A: "5년 후 저는 마케팅 전문가로서 귀사의 중요한 프로젝트를 주도하며 성과를 내고 있을 것입니다. 또한 후배들을 지도하고 팀을 이끌며 리더로 성장하고 싶습니다."

(2) 성과 달성 측면

Q: 회사에서 어떤 성과를 이루고 싶나요?

A: "회사의 브랜드 인지도를 높이고, 창의적인 마케팅 전략을 통해 시장 점유율을 확대하고 싶습니다. 이를 통해 회사의 성장에 기여하고 싶습니다."

질문 의도

이처럼 입사 후 포부를 묻는 이유는 지원자의 직무에 대한 이해도를 측정하고 앞으로의 직무에 대한 발전 가능성을 판단하기 위함이다. 따라서 자신의 전공과 관련이 있는 직무이기 때문에 그 기업의 업종 및 중점 추진 기술 분야에서 보다 깊이 있는 공부와 연구를 통해 기업이 원하는 성과를 낼 수 있도록 기여를 할 것이라고 답변을 준비해야 한다.

"SNS 활성화를 통해 ○○○○기업을 온라인 인사 관리 및 운영의 선도 기업으로 만들고 싶습니다. SNS는 디테일한 마케팅 도구이며, 동시에 홍보 도구로 활용이 가능합니다. 때문에 ○○○○기업의 직원들이 함께 공유할 수 있는 교육 정보 및 소통의 창구를 제공함으로써 그 활용성을 높일 수 있다고 생각합니다. 또한 직원들과의 소통을 활성화해 부서 간의 업무 시너지 효과를 극대화할 수 있는 방안을 모색하여 조직에 적용한다면 분명히 긍정적인 효과를 얻을 수 있을 것이라고 생각합니다. 이처럼 ○○○○기업만의 조직 관리 아이덴티티를 만드는 데 일조하고 싶습니다."

6) 나를 채용해야만 하는 이유에 대해 직접 말하기

Q: ○○기업이 귀하를 채용해야 하는 이유는 무엇입니까?

질문 의도

지원자의 기업과 직무에 대한 관심도와 노력을 측정하고 앞으로의 발전 가능성을 판단하기 위함이다. 따라서 지원한 직무가 본인의 적성에 맞는다는 구체적인 사례나 경험 등을 포함시키고 지원 회사가 필요로 하는 핵심 역량에 대한 키워드를 도출하여 그러한 역량이 본인에게도 있음을 설명해야 한다.

"저는 실전 경험이 무엇보다도 중요하다고 생각하여 대학 수업 중 실험 과목을 많이 수강하였습니다. 팀 프로젝트를 많이 수행하면서 여러 가지 창의적인 아이디어를 창출해 보았고, 사람과의 신뢰 관계 형성이 중요하다는 것과 기본에 충실해야 한다는 것을 배웠습니다. 이와 같이 저는 실전 경험을 통하여 ○○○○기업의 이념인 자립·단정·독행에 잘 부합되는 인재로 성장하였다고 생각합니다. 이것이 ○○○○기업이 저를 채용해야 하는 결정적인 이유라고 생각합니다. 이제 저에게 남은 과제는 지금껏 배워 온 스킬을 활용하여 ○○○○기업에서 풍요로운 가치를 창출하는 것이라고 생각합니다."

7) 회사 생활과 사생활이 충돌할 경우

Q: 만약 회사 업무와 개인의 사생활이 충돌했을 경우 어떻게 판단하여 해결하시겠습니까?

질문 의도

지원자의 업무 가치관을 파악하는 전형적인 질문이다. 면접관은 가치관의 옳고 그름이 아닌 기업 입장을 고려한 답을 기대할 수 있다. 따라서 한쪽에 치우치기보다는 중도의 자세를 유지하며 기업의 입장을 좀 더 고려하는 답변을 준비하는 것이 좋다.

답변 예시

"저는 회사 업무가 우선시되어야 한다고 생각합니다. 왜냐하면 회사 업무가 개인 사생활과 충돌한다는 것은 그 일의 중요도가 상당히 있을 것으로 생각하며, 우선 해결되어야 하는 일이라고 판단하기 때문입니다. 그리고 회사가 잘되어야 그 조직에 있는 제가 잘되는 것이고, 그것은 곧 저의 가정이 잘되어 행복으로 연결되어지기 때문입니다."

8) 존경하는 인물에 대한 질문

Q: 본인이 가장 존경하는 인물은 누구입니까?

평소 지원자의 신념, 좌우명 또는 목표 등을 포괄적으로 파악하려고 하는 질문이다. 따라서 하나의 사실에 기대는 인물보다는 전체적으로 본인의 색깔을 표현할 수 있는 인물을 선정하여 답변을 준비한다.

답변 예시

"저는 기업인 ○○○을 존경합니다. 저는 그분의 인간성이나 성품, 사회적 지위를 존경하는 것이 아닙니다. 저는 그분의 '도전 정신'과 '열정'을 존경합니다. 안정된 수입과 지위가 보장되어 있는 의사라는 직업을 포기하면서 어려운 길을 선택한다는 것은 아무나 내릴 수 있는 결정은 아니라고 생각합니다. 어느 길을 가든, 그 분야에서 최고가 되기 위해 끊임없이 노력하고 반드시 전문가라는 소리를 듣도록 자신을 계발시키는 것, 그 열정과 노력, 도전 정신은 제가 추구하는 가치와 일맥상통하기도 합니다. 저 역시 그러한 점을 본받아 입사 후에도 열정을 가지고 항상 노력하고 끊임없이 도전하는 직원이 되겠습니다."

9) 주변 평가에 대한 질문

Q: 친구들이나 주변 사람들은 지원자를 어떤 사람으로 평가합니까?

질문 의도

이는 지원자의 대인 관계를 파악하기 위한 질문이다. 따라서 평소 타인과의 관계를 유연하게 유지하는 것이 무엇보다 중요하며, 그것을 통해서 자연스러운 답변을 준비해야 한다.

답변 예시

"지인들은 저에게 항상 사려 깊고 타인을 배려한다고 이야기합니다. 사적으로나 공적으로 대화를 할 때 타인의 의견을 귀담아듣고, 제 의견을 제시할 때 타인의 감정이 상하지 않는 선에서 공통점 및 타협점을 끌어내려고 노력한다고 여겨집니다. 또한 평소 피할 수 없는 문제에 직면하였을 때 과감한 행동력으로 빠르게 대처하여 주변 사람들이 다시 보게 되었다고 이야기하기도 하였습니다."

10) 면접 준비 시 참고하면 좋을 50가지 문항

(1) 회사의 비전을 어떻게 생각하나요?

(2) 동료가 비협조적일 때 어떻게 대처하나요?

(3) 자신의 직무에서 가장 중요하다고 생각하는 것은 무엇인가요?

(4) 지금까지 가장 큰 어려움을 어떻게 극복했나요?

(5) 회사에서 원하는 복지는 무엇인가요?

(6) 어떻게 자신의 성과를 측정하나요?

(7) 비판을 받을 때 어떻게 반응하나요?

(8) 어떤 업무 환경에서 가장 잘 일할 수 있나요?

(9) 학창 시절에 어떤 과목을 가장 좋아했나요?

(10) 직무 관련 최신 트렌드에 대해 이야기해 보세요.

(11) 자신의 창의력을 발휘했던 경험을 말해 보세요.

(12) 상사와 의견이 다를 때 어떻게 설득하나요?

(13) 자신의 문제 해결 능력을 발휘한 사례를 말해 보세요.

(14) 다양한 업무를 동시에 처리하는 방법은 무엇인가요?

(15) 회사의 발전을 위해 제안할 것이 있나요?

(16) 지금까지의 커리어에서 가장 자랑스러운 순간은 무엇인가요?

(17) 직장에서의 윤리에 대해 어떻게 생각하나요?

(18) 자신의 성공을 정의해 보세요.

(19) 자신이 이 직무에 적합하다고 생각하는 이유는 무엇인가요?

(20) 지금까지의 경력에서 배운 가장 중요한 교훈은 무엇인가요?

(21) 새로운 팀에 합류했을 때 어떻게 적응하나요?

(22) 자신의 약점을 어떻게 보완하나요?

(23) 자신의 시간 관리 전략을 설명해 보세요.

(24) 자신의 커뮤니케이션 스타일을 설명해 보세요.

(25) 직장 내에서 자신만의 동기 부여 방법은 무엇인가요?

(26) 상사의 부당한 지시를 받았을 때 어떻게 하겠습니까?

(27) 긴급 상황에서 어떻게 대처하시겠습니까?

(28) 본인의 실수를 인정하고 수정했던 경험이 있나요?

(29) 동료와의 의견 차이를 극복했던 경험을 설명해 보세요.

(30) 목표 설정과 달성을 위해 어떤 방법을 사용하나요?

(31) 직무와 관련된 강의를 수강한 적이 있나요? 어떤 내용이었나요?

(32) 팀 프로젝트에서 자신의 역할을 설명해 보세요.

(33) 자기 주도적으로 일을 처리했던 경험을 이야기해 보세요.

(34) 회사에서 가장 중요하게 생각하는 가치는 무엇인가요?

(35) 고객 불만을 처리했던 경험을 설명해 보세요.

(36) 자신의 성과를 회사에 어떻게 기여할 수 있을까요?

(37) 직장에서의 스트레스를 어떻게 관리하나요?

(38) 주도적으로 일을 찾아서 했던 경험이 있나요?

(39) 직장에서의 피드백을 어떻게 수용하나요?

(40) 회사를 위해 추가적인 노력을 한 경험이 있나요?

(41) 단기적인 목표와 장기적인 목표를 어떻게 조화시키나요?

(42) 직무와 관련된 자격증이 있나요? 어떻게 취득했나요?

(43) 자신의 결정이 옳지 않았음을 알게 되었을 때 어떻게 대처하
나요?

(44) 팀에서 갈등이 발생했을 때 어떻게 해결하셨나요?

(45) 직무와 관련된 최근 뉴스를 하나 소개해 보세요.

(46) 자신의 경력 개발 계획을 설명해 보세요.

(47) 업무 효율성을 높이기 위해 사용한 도구나 방법이 있나요?

(48) 자신이 주도한 프로젝트에서 발생한 문제를 어떻게 해결했나요?

(49) 회사의 경쟁사를 어떻게 분석하나요?

(50) 자신의 성과를 객관적으로 평가해 본 경험이 있나요?

상기의 질문과 답변을 참고하여 본인이 지원하려는 '기업의 인재상'을 확인한 뒤 주어진 상황에 맞게 미리 답변을 그리며 연습하면 충분한 대비가 된다.

면접장 입장 전에 준비할 것들

면접장에 들어가기 전에 준비해야 할 다섯 가지 필수 사항

1) 회사 정보와 자소서를 체크하라!

회사에 대한 정보를 다시 한번 체크하고 입사 지원서와 자기소개서를 완벽히 숙지해야 한다. 입사 지원서와 자기소개서를 볼 때에는 그 속에서 면접관들이 질문할 만한 부분들을 찾는 것이 중요하다. 특히, 입사 지원서의 특이한 이력, 자소서의 회사 관련 언급 내용 등은 면접관의 눈길을 끄는 것이니만큼 관련 내용은 반드시 점검해야 한다.

2) 전일 석간 혹은 당일 조간신문을 꼭 체크하라!

면접 준비에만 신경 쓰느라 시사를 잊어선 안 된다. 신문은 최근의 사회적 관심사와 이슈들이 총 망라되어 있는 좋은 면접 준비 자료다. 특히 경제 이슈의 경우 해당 기업의 당면 과제와 더불어 질문이 들어올 수 있는 부분이니 면접 당일엔 신문을 꼭 챙기자.

3) 대중교통 확인!

면접 당일 지각을 하는 사람이 면접에 통과할 확률은 극히 낮다. 익숙하지 않은 면접 장소에 제시간에 도착하기 위해선 면접 장소까지의 소요 시간을 계산해 보고 정확한 교통편을 미리 확인해 보는 것이 좋다. 여유가 있다면 면접 장소에 미리 방문해 보는 것도 좋다.

4) 면접 준비물 챙기기

회사와 개개인의 상황에 따라 면접 준비물은 다소 달라질 수 있다. 그래도 기본적인 면접 준비물을 꼽아 보자면 수험표, 지갑, 신분증, 손수건, 필기구, 메모지, 휴지 정도가 있다. 여성 지원자라면 여분의 스타킹, 수정 화장품 등을 추가로 준비하는 것이 좋다.

5) 마지막 면접 준비 및 마인드 컨트롤

면접장에 도착해 마지막으로 점검해야 할 것은 기업의 사업장 소재지(본사, 영업소, 공장 등), 기업의 정확한 사명(풀네임), 해당 기업의 영업 성과(순이익, 영업 이익, 매출액) 등이다. 차분한 마음으로 마지막 점검을 해 보며 마인드 컨트롤을 하는 것이 좋다.

상황별로 완벽하게 대비하라

1) 상황 1: 지원 회사와 관련한 질문

질문 1: 우리 회사의 이미지는 어떻습니까?

이 질문에 있어 좋은 답변이란 부정적인 면보다는 긍정적인 면을 강조해서 이야기하는 것이 더욱 적절하다는 것이다. 따라서 단지 기업에 호감이 간다고 하기보다는 어떤 연유로 호감을 가지게 되었는지, 왜 이 기업을 목표로 하게 되었는지 등 몇 가지 구체적 사례를 통해 답변하는 것이 좋다. 인터넷 또는 신문 검색을 통하여 기업에 대한 언론의 시각을 구체적으로 말하는 것도 효과적인 방법이 될 수 있다.

질문 2: 우리 회사의 채용 정보는 어떻게 얻었습니까?

대부분의 응시자들은 인터넷 채용 정보를 통해 입사 지원을 하게 된다. 이 질문은 단순히 정보 입수의 경로를 묻는 데 그치는 것이 아니라 입사 지원을 하기 전에 지원 기업에 대해 관심을 얼마나 갖고 있었는지를 알아보고자 함이다.

질문 3: 우리 회사를 왜 지원했습니까?

사실 '왜 이 회사를 지망했는가?'라는 질문은 어느 회사나 제일 먼저 물어보고 싶은 말이다. 면접에서는 여러 가지 질문이 나오게 되는데, 지망 동기는 그 기반이 되는 질문이다. 대다수 학생들이 기업의 이념, 사장의 경영 능력, 재무 구조, 복리 후생 등 외적인 부분을 피력하는 경우가 있다. 하지만 이런 경우 지망 회사의 주종 상품에 관련된 소비자의 인지도, 경쟁사 제품과의 시장 점유율 비교 등을 설명할 수 있다면 면접관에게 상당히 주목받을 수 있을 것이다.

2) 상황 2: 민감한 사항과 관련한 질문

질문 1: 입사 후 회사와 맞지 않는다면 어떻게 하시겠습니까?

이는 회사에 대한 귀속 의식을 묻고 있는 질문이다. 최근에는 입사하고 얼마 되지 않아서 회사를 그만두는 사람들이 적지 않기 때문에, 인사 담당자는 지원자에게 다소 불신감을 안고 있다. 안심시킬 수 있는 적절한 대답이 필요하다.

질문 2: 상사와 의견이 다를 때 어떻게 하겠습니까?

이 질문에서 상사의 명령에 무조건 따르겠다는 대답은 시대에 뒤

떨어지는 답변이고, 자신의 의견을 강조한다는 답변도 현명하지 못하다. 상호 의견을 원만하게 조율해 가는 과정을 중요시해야 할 것이다.

질문 3: 직무상의 적성과 고보수 중 어느 것을 택하겠습니까?

적성에 비중을 둔다고 말하는 것이 좋다. 그러나 어느 한쪽을 지나치게 강조한다든지, 한쪽을 경시한다든지 하는 태도는 좋지 않다.

질문 4: 우리 회사에서 언제까지 근무하실 생각이십니까?

기업의 입장에서 볼 때 어느 정도 경력이 쌓인 직원이 회사를 그만두거나 자리를 옮길 경우 그만큼 손실이 뒤따른다. 일단 채용된 후 변함없이 회사의 발전에 매진할 뜻임을 밝히는 것이 좋다. 그러나 과거처럼 '평생을 함께하겠다'는 등의 답변을 할 필요는 없다.

질문 5: 희망 연봉이 ○○만 원인데, 산정 기준을 설명해 주세요.

회사 개요를 파악하고 급여에 대한 사전 조사가 필요하다. 이러한 질문을 통해 직업관이라는 자세를 확인하고자 함이므로, 연봉에 집착하는 식의 답변은 면접관의 질문 의도와 동떨어짐을 유념하라.

질문 6: 잔업에 대해서 어떻게 생각합니까?

이 문항을 통해서 기업은 지원자가 고된 일을 잘 해 나갈 수 있는지 없는지를 확인하고자 한다. 일에 대한 진취적인 자세를 전달할 수 있으면 좋다. 효율적인 일 처리 능력을 활용하여 잔업을 효과적으로 처리해야 함을 강조한다.

질문 7: 상사가 납득할 수 없는 지시를 할 때 어떻게 하시겠습니까?

이는 응시자의 업무 자세 및 인간성을 보기 위한 질문이다. 연공서열 개념이 무너지고 있기는 하나 그것이 곧 인간성마저 무너짐을 뜻하는 것은 아니다. 기업에는 분명 명령 계통이 존재한다. 그렇다고 상사의 지시에 맹목적으로 절대복종한다는 식의 말은 곤란하다.

질문 8: 나보다 어린 사람이 상사일 경우 어떻게 하겠습니까?

직장 생활에서는 나이의 많고 적음이 중요한 것이 아니다. 직급에 따라서 서열이 정해지기 때문에 나이에 연연하지 않고 상사라면 존중해야 한다는 의견을 제시할 수 있도록 한다.

3) 상황 3: 입사 후에 관련한 질문

질문 1: 지원자는 회사를 위해 어느 정도 공헌할 수 있습니까?

입사 후 당장의 성과를 바라는 회사도 없고, 바로 성과를 낼 수 있는 신입 사원도 드물다. 이 질문의 의도는 지원자의 애사심과 열정을 엿보고자 하는 것으로 당장의 성과보다는 장차 회사를 위해 어떤 역할을 해 줄 수 있는 것인가를 묻는 질문이다.

질문 2: 입사했다고 가정하고 바라는 것이 있다면 무엇이 있나요?

지원자가 회사에 대해 사전에 얼마만큼 연구했는지, 어느 정도의 애착을 가지고 지원했는지 등을 다각도로 분석하기 위한 질문이다. 지원한 회사의 상품 내용, 분위기, 경영 목표 등에 대해 기억하고 미래 지향적인 답변을 준비한다.

4) 상황 4: 업무 관련 질문

질문 1: 만일 지원자가 희망 직종에 가지 못하는 경우 어떻게 하시겠습니까?

희망 직종은 이미 정원이 꽉 차 있거나 결원이 발생하기 힘들 수도 있다. 단, 이런 질문을 받은 경우는 평가가 결코 나쁘지 않다고 생각해도 좋다. 비단 희망 직종이 아니더라도 다른 직종을 할 수 있다는 가능성을 열어 두어야 한다.

질문 2: 회사에 들어오면 어떤 일을 하고 싶습니까?

희망 직종과 그 이유를 묻고 있는 질문이다. 이에 대해 명확히 답변하기 위해서는 직무의 종류와 각각의 업무에 대해 사전에 알고 있어야 한다. 직무의 종류에 대해서 모른다면 추상적인 표현을 사용하여 그것에 어울리는 직종을 되물어보는 방법도 있다. 덧붙여서 기업은 해당 직무를 원하지 않는 지원자에게 그 직무를 맡기진 않는다.

질문 3: 혹시 특별히 희망하는 업무가 있습니까?

이 질문에 '영업직입니다', '홍보직입니다'라는 단순한 대답보다는 희망 업무에 대해 좀 더 구체적인 이유와 함께 답변하는 것이 좋다.

특별히 희망하는 업무를 밝히고 왜 그 업무를 하고 싶은지, 또 자신은 왜 그 업무를 해야 하는지에 대한 당위성을 밝히는 것이 좋다. 희망 업무에 관련된 경험이나 아르바이트 경력 등이 있으면 작은 부분이라도 적극적으로 활용하여 말하는 것이 좋다.

질문 4: 지원자의 10년 후의 모습을 그려 보세요.

장래성과 관심사를 묻는 질문이다. 이때 '집을 짓는다', '가정을 가진다'와 같은 사적인 화제는 그다지 높은 평가를 얻을 수 없다. 일에 관한 화제를 가지고 업무에 대한 열의를 나타내는 것이 좋다.

5) 상황 5: 직업관 관련 질문

질문 1: 지원자에게는 일이 왜 중요합니까?

여기서는 얼마만큼 일에 대한 진취적인 자세와 정열이 있는지를 묻고 있다. '자신이 무엇 때문에 일을 하는가'를 너무 장황하지 않게 설명하는 것이 핵심이다. 자신의 미래상, 비전 등을 일과 결부시켜 답변하면 된다.

질문 2: 직장은 어떤 면을 보고 선택합니까?

대다수 지원자들은 기업의 인지도나 경제적 급부를 보고 기업을 선택한다. 아무래도 주변의 시선을 많이 의식한 탓인 듯하다. 그렇다 하더라도 면접 시 답변까지 급여나 지명도 때문이라는 인상을 주면 좋은 점수를 얻기 힘들다. 장래 비전이나 본인의 이상에 결부시켜 답하는 것이 현명하다.

질문 3: 지원자는 일하는 목적이 무엇입니까?

면접관은 응시자가 어떤 사회인 상을 그리고 있는가를 알고 싶어 한다. 책임감, 팀워크, 인내력 등 내면적인 면을 들추어 적극적인 발언을 하도록 한다.

질문 4: 중소기업을 선택한 이유가 있나요?

만일 중소기업에 지원을 했다면 중소기업만이 가진 매력적인 부분을 부각시켜 답하는 것이 좋다. 노력한 만큼 결과를 쉽게 확인할 수 있다거나, 의사 결정이 빠르고 다방면의 경험이 가능하다거나, 혹은 중소기업이 국가 기반 산업의 근간이 되는 대만의 사례를 들어 답변해도 좋다.

질문 5: 일과 사생활에 대해서는 어떻게 생각합니까?

회사에 대한 공헌심을 묻는 질문이다. 특히, 임원들은 가정을 희생하면서 일하고 있는 사람들도 적지 않으므로 사생활의 중요성을 강조해서는 안 된다. 회사 생활과 사생활의 조화로운 모습을 추구해야 함을 강조해서 답변하면 좋다.

성격별로 완벽하게 대비하라

이번 항목에서는 지원자의 성격(인성, 성향, 가치관, 윤리관, 신조, 강점 및 장단점, 태도, 이미지)에 맞춘 다양한 19개의 핵심 면접 문항을 통해 대비한다. 성격과 관련한 질문들은 면접에서 가장 일반적이고도 자주 제시되는 유형이므로 본 내용에 대해 완벽히 숙지하고 있어야 한다. 다음에 제시되는 성격과 관련한 대표 문항들을 통해 완벽히 대비해 보자.

? 질문 1

이 직무를 수행하기 위한 본인만의 강점이 있다면 무엇입니까?

질문의 의도와 답변의 핵심 포인트

보통 다른 지원자와의 차별점이 있는지를 확인하기 위해 이러한 질문을 던진다. 면접 시 함께 참석한 지원자들은 관련 전공, 직무 경험, 자격증 취득 수준 등 거의 비슷한 배경을 갖고 경쟁을 하는 상황이다. 따라서 남들과 비슷한 이야기보다는 직무와 관련이 있는 답변을 하되, 다른 지원자보다 특별히 남다른 부분을 강조하여 차별화를 나타내야 한다.

바로 활용해 쓸 수 있는 추천 답변 예시

"저는 ○○ 직무 수행에 도움이 될 만한 ○○ 인턴 경험과 ○○○ 경험이 있습니다. 이러한 직무 경험과 함께 ○○ 경험을 하는 중 팀원들 사이에서 분위기 메이커 역할을 하여 함께 일을 하는 데 시너지를 낼 수 있는 역할을 하였습니다. 저와 함께 일을 하게 되면 저의 긍정 마인드와 함께 밝은 모습으로 업무할 수 있게 될 것입니다."

? 질문 2

우리 회사에 먼저 입사했다가 조기 퇴사한 선배가 있다고 합시다. 우리 회사의 어떤 점이 실망스러웠을 것 같습니까? 본인도 회사에 실망하게 되면 조기 퇴사하시겠습니까?

질문의 의도와 답변의 핵심 포인트

지원자가 진정으로 조직에 적합한지, 조직에 잘 적응할 수 있는지 여부를 판단하기 위해서는 지원자와 회사 간에 코드가 맞아야 한다. 엄격한 절차를 거쳐 회사에 적합한 인재를 채용하더라도 조기 퇴사자는 어느 조직이건 존재하기 마련이다. 이 문항은 조기 퇴사자의 퇴사 사유를 유추하게 함으로써 회사의 직원으로서 얼마나 진지한 생각을 해 왔는지, 기업에 대한 분석과 자기 자신에 대한 분석이 철저한지를 묻는 질문이다. 여기에서의 답변 포인트는 회사에 어떤 문제가 있기에 조기 퇴사를 결심했는지 생각해 보고, 회사의 위와 같은 문제가 지원자 본인에게는 문제가 되지 않는지를 깊이 생각해 보고 답변하는 것이다. 이와 같은 맥락에서 조기 퇴사는 준비 없는 취업 때문이며, 반대로 본인은 준비된 지원자임을 강조, 어필하는 것이 핵심이다.

바로 활용해 쓸 수 있는 추천 답변 예시

"어떤 조사에서 신입 사원이 조기 퇴사를 결정한 가장 중요한 이유는 '열악한 근무 환경과 최악의 복리 후생'이 가장 높았던 것으로 알고 있습니다. 잦은 야근과 주말 근무에 의미 없는 업무가 원인이라면 애초에 어울리지 않는 옷을 덥석 선택한 퇴사 선배님의 잘못이라고 생각합니다. 저는 저에게 맞는 옷을 찾기 위해 노력했고, 바로 이 회사가 제가 찾던 옷입니다. 저 자신에 대한 진솔하고도 세밀한 분석으로부터 시작하여 업종 분석, 직무 분석, 기업 분석을 마치고 제가 몸담을 기업을 선택한 이상, 저에게 조기 퇴사란 결코 있을 수 없습니다."

만약 직장 상사가 부당한 지시를 할 경우에 어떻게 대처하겠습니까?

질문의 의도와 답변의 핵심 포인트

상기 문항은 지원자의 조직 적응 능력과 문제 해결 능력, 의사소통 능력 등을 묻는 질문이다. 아울러 부당한 지시 상황에 대해 한층 더 구체적으로 제시되기도 하는 질문이다. 사실 조직 생활에서 나의 업무에 지시권을 가지고 있고, 때로는 인사에 영향력을 미칠 수 있는 상사의 지시에 문제를 느낄 경우에 지원자의 대응은 어려울 수밖에 없다. 하지만 개인에 따라 부당함의 기준이 주관적일 수 있고, 실제 직장 생활에서 겪게 될 수 있는 상황인 만큼 현실적인 답변을 하는 것이 핵심이다.

바로 활용해 쓸 수 있는 추천 답변 예시

"해당 업무가 객관적으로 회사의 업무 규정이나 사회적 윤리에서 벗어나지 않는다면 지시에 따라야 한다고 생각합니다. 제가 미처 생각하지 못한 이유가 있을 수 있기 때문입니다. 하지만 동일한 일이 반복된다면 충분히 수행한 후 조심스럽게 다른 방법을 제시해 보겠습니다. 그럼에도 변화할 수 없는 것이라면, 상사께서도 부수적인 설명이 있으시거나, 별도의 지시가 있으실 것이라 생각합니다. 하지만 회사의 업무 규정이나 윤리상 어긋나는 일이라면 그대로 따르지 않고, 회사의 입장에서 문제가 될 수 있는 일임을 예의를 갖추어 말씀드리겠습니다."

자신의 가치와 조직의 가치가 다르면 어떻게 해야 합니까?

질문의 의도와 답변의 핵심 포인트

이 질문은 지원자가 조직 생활에 잘 적응할 수 있는 인재인지 판단하기 위한 질문이다. 회사 생활을 하다 보면 개인의 가치관보다 기업의 입장에서 판단하고 움직여야 하는 경우가 있다. 이때 조직 구성원으로서 지원자 개인의 업무 능력이나 성과는 이러한 차이를 얼마나 빨리 잘 극복하는지, 융통성을 발휘할 수 있는지로 결정될 수 있다. 따라서 이 문항은 철저히 회사의 입장에서 면접관이 수긍할 수 있는 답변이 무엇인지 고려하여 대답해야 한다.

바로 활용해 쓸 수 있는 추천 답변 예시

"사회적인 관점에서 윤리적으로 어긋나는 것이 아니라면 제가 소속된 조직의 가치에 따라 역할을 다해야 한다고 생각합니다. 개인적이고 주관적인 가치관도 물론 저에게는 중요하지만, 이것은 회사 생활에서 조직의 가치보다 우선이 될 수 없고, 그래서도 안 된다고 생각합니다. 과거 동아리 활동을 하면서 동아리장으로서 가장 친한 친구이지만 동아리 규칙을 자꾸 넘어서는 동기를 내보내야 했던 적이 있었습니다. 친한 친구인 만큼 사전에 여러 번 따로 이야기를 했음에도 나아지지 않았고, 다른 구성원들의 불만이 더 커지기 전에 상황을 정리해야 했습니다. 이에 그 친구를 지칭하지는 않았지만, 회칙의 엄수와 관련한 회의를 통해, 다른 문제들과 함께 결론이 나왔고 친구가 상처받지 않도록 직접 해결했습니다. 다행히 본인도 예상하고 있었기 때문에 잘 정리가 되었지만, 다시는 하고 싶지 않은 경험이었습니다. 이처럼 개인적인 것과 조직의 가치관이 부딪친다면, 저는 조직의 가치에 따라 더 옳은 방향으로 행동해야 한다고 생각합니다."

? 질문 5

인생관이나 좌우명이 있다면 그 이유를 말해 보세요.

질문의 의도와 답변의 핵심 포인트

이는 지원자의 가치관과 삶에 대한 태도, 목표를 알아보는 질문이다. 개인의 삶에서 중요하게 생각하는 것이 무엇인가는 그 사람의 선택이나 행동에 절대적인 영향을 끼친다. 따라서 본 문항에서는 인생관이나 좌우명을 이야기하고 그 의미나 이런 생각을 왜 가지게 되었는지 계기를 설명하는 것이 좋다. 또한, 이를 어떻게 실천하고 있는지 일상생활의 예시를 들어 설명하면 금상첨화다.

바로 활용해 쓸 수 있는 추천 답변 예시

"저의 좌우명은 '실패를 겁내지 말고, 시도하지 않는 것을 겁내라'입니다. 학창 시절, 저는 부모님들께서 말씀하시는 틀에서 크게 벗어나지 않는 평범하고 모범적인 학생이었습니다. 그러다 보니 대학에 오면서 스스로 모든 것을 결정하게 되었을 때 많은 시행착오를 겪었습니다. 과제를 할 때도 주변 선배들을 통해 여러 정보를 얻기도 했지만, 제가 직접 만들고, 붙여 보는 것과 비견할 수 없었습니다. 그때부터 몸이 좀 더 고되더라도 시간을 들여 직접 작업하려고 노력했고, 필요한 자료가 있으면 멀리 있는 타 학교의 자료실을 찾기도 했습니다. 또한 현장에서 직접 배우기 위해 방학마다 지방 현장을 지원해 근무해 보았습니다. 덕분에 저 스스로의 한계를 시험해 보기도 하였고, 그 한계를 깨고 성장할 수도 있었습니다. 이렇게 열심히 준비했다고는 하지만, 아마도 앞에 계신 면접관님들처럼 경험과 지식, 연륜을 갖추기 위해서는 앞으로 가야 할 길이 더 멀 것입니다. 하지만 저의 좌우명처럼 어떤 어려움도 도전하지 않는 것보다 무서운 것은 없다는 것을 알고 있기에, 지금까지와 같이 잘 극복할 수 있다고 생각합니다."

? 질문 6

10년 후 본인의 모습을 구체적으로 그려 보세요.

질문의 의도와 답변의 핵심 포인트

회사 업무와 삶에 대한 지원자의 장기적인 계획을 통해 지원자의 직업적 비전과 삶의 가치관을 알아보는 질문이다. 만일 30대 전후반의 지원자라면 10년 후 모습이 20대 신입 사원과는 사뭇 다른 구체적인 업무 계획이 포함되어야 함을 유념하자. 아울러 직급보다는 업무 내용이나 조직에서의 역할에 기초해 답변하는 것이 좋다. 따라서 지원한 기업이나 직무의 특성을 고려하여 현실적이고 내용을 중심으로, 여기에 향후 기업에서 이루고 싶은 모습과 삶 전반의 목표를 더해 답변한다.

"10년 뒤 저는 해외 사업 아이템 개척과 중장기 프로젝트 계획을 맡아, 여러 후배 사원들과 여전히 의욕적으로 일하고 있을 것입니다. 그간 동남아, 북미, 유럽 시장에서의 경험을 살려 현재 ○○○의 신규 사업 진출에 도전하는 것처럼, 5년 내 지금 목표한 ○○○ 영업도 성공적으로 이끌 것 같습니다. 그리고 이러한 역량을 인정받아 또 다른 회사의 차세대 먹거리가 무엇일지 고민하고, 중견 관리자로서 회사의 중심적인 역할을 하고 있기를 바랍니다. 또한, 업무에 열정적인 모습으로 지금은 어리지만 장성해 있을 저희 아이들에게 본보기가 되는 사회생활 선배가 되고 싶습니다."

? 질문 7

직원들 간 불협화음이 생기면 어떻게 대처하실 건가요?

질문의 의도와 답변의 핵심 포인트

조직 생활에서의 대인 관계 능력, 문제 해결 능력, 의사소통 능력, 리더십 등을 종합적으로 알아보기 위한 질문이다. 여러 사람이 어울려 생활하다 보면 때로는 서로 간의 의견 충돌이 일어날 수 있다. 기업에서는 우리 부서 내에서뿐 아니라 업무상 절차나 입장의 차이로 부서 간에 발생하기도 한다. 하지만 어떤 상황이든지 기업의 입장에서 최선의 방법이 무엇인지 상호 간의 접점을 찾아내는 것이 중요하고, 이를 위해 탁월한 해결 능력을 보유하고 있지 않더라도 상황을 판단하고 조화를 위해 노력하는 자세가 무엇보다 중요하다. 특히, 유사한 상황에서 본인이 역할을 잘 해낸 경험이 있다면, 이를 구체적인 예시로 들어 설명하는 것도 좋다.

바로 활용해 쓸 수 있는 추천 답변 예시

"먼저, 상황에 맞는 타협점이 무엇인지를 고민해 보겠습니다. 모든 일에 정답이 있는 것은 아니지만, 불협화음이 난 현재 상황을 개선할 수 있는 방법은 분명 있다고 생각하고 이를 계속 끄는 것이 모두에게 별로 좋은 것이 아님은 분명하기 때문입니다. 특히, 업무적인 것이라면 더 이상의 충돌보다는 업무 규정이나 통상적인 업무 처리 절차에 따르는 것이 맞다고 생각합니다. 상황의 시급성이나 사안의 중요성에 따라 제가 판단할 수 없는 것이라면, 직원들 간의 동의를 구하고 저보다 경험이 많은 상사나 선배의 조언을 구해 회사에 더 도움이 되는 방향을 따르도록 하겠습니다."

❓ 질문 8

지금까지의 사회생활에 대해서 말해 보세요.

질문의 의도와 답변의 핵심 포인트

지원자의 역량과 관련하여 사회생활 경험과 그 속에서 쌓을 수 있는 대인 관계 능력과 의사소통 능력, 조직 적응력 등을 종합적으로 알아보고자 하는 질문이다. 30세 전후의 지원자라면 특별한 경우가 아니고는 몇 번의 사회생활 경험을 가지고 있는 경우가 일반적이다. 지원한 직무와 연관성이 있거나 동종 산업에 근무했다면 향후 업무에도 도움이 될 만한 경험들이 많이 있겠지만, 그렇지 않다고 하더라도 연결성을 찾아 설명하도록 하는 것이 면접에 유리하다. 다만, 너무 억지스러워지지 않도록 유의하자. 그리고 이 질문은 퇴사 이력에 대한 설명의 기회로 활용할 수도 있으니 꼭 대비하자. 특히, 답변 말미에 이번에 지원한 기업이 마지막 도전이라는 것을 강조하면서 면접관들에게 의지를 보여 주는 것도 좋은 스킬이라 하겠다.

바로 활용해 쓸 수 있는 추천 답변 예시

"저는 두 번의 이직 경험이 있습니다. 그중 첫 번째는 ○○그룹으로 힘든 공채 시험 준비 끝에 합격했던 회사였습니다. 하지만 학교생활 당시 생각했던 직무와 제가 해야 할 일이 차이가 있었고, 업무보다는 급여나 부수적인 보상에 만족하고 있는 제가 보였습니다. 그래서 현재의 안락함에 만족하기보다는 좀 더 가능성이 있고 스스로 도전할 수 있을 때 보다 열정을 다할 수 있는 ○○○○으로 이직하였습니다. 이후 5년간 근무하면서 보다 현장에 가까운 업무를 하면서 많은 핵심 프로젝트 중 ○○○○ 프로젝트, ○○○○ 활성화 사업, ○○○○ 기획안 등을 성공적으로 진행해 냈습니다. 그러던 중 마지막으로 진행했던 ○○○○에서 참고로 활용했던 ○○○○ 기술에서 저의 비전을 발견하였으나, 해당 분야는 주력 사업이 될 수 없는 것이었습니다. 그래서 ○○○ 분야에서 특허 기술을 보유한 업계 1위 기업인 당사가 저의 미래를 걸 수 있는 진짜라는 확신을 가지고 마지막으로 도전하게 되었습니다."

Part 2 실전 면접 속으로

사회생활에서 가장 중요한 것이 무엇이라고 생각합니까?

직장인으로서 갖추어야 할 가치관과 개인의 태도를 알아보기 위한 전형적인 질문이다. 이 질문은 '삶에서 가장 중요하게 생각하는 것'을 묻는 인성 면접 문항과 유사하지만, 사회생활, 즉 앞으로의 회사 생활에서 중요한 것이 무엇인가를 묻는 질문이다. 회사의 인재상을 참조하거나 업무에 대한 당찬 포부를 드러내는 것도 좋은 방법이지만, 연령이나 사회 경험상 대부분 조직의 막내, 신입 사원에 해당하는 경우가 많다는 것을 고려하여 답변하는 것이 좋다. 아울러 직무나 조직의 특성상 중요시되는 가치를 들어 설명하는 것도 바람직하다.

바로 활용해 쓸 수 있는 추천 답변 예시

"저는 '초심'이라고 생각합니다. 내가 그것을 얼마나 원했는지, 할 수만 있다면 얼마나 잘 해내겠다고 다짐했었는지 그 마음을 잊지 않고 꾸준히 노력하는 것이 사회생활에 가장 중요하다고 생각합니다. 때때로 사람들은 원하는 것을 얻고 나면 언제 그랬냐는 듯 마음이 흐트러지고, 별로 나은 것이 없는 것임에도 변화를 꿈꾸기도 합니다. 하지만 저는 한번 마음먹은 것이 있으면 그것을 더 잘하기 위해 꾸준히 노력합니다. 그래서 쉽게 포기하지 않고, 작은 일도 섬세하게 정확하게 해냅니다. 회계 분야에 취업을 결심하고 이를 위해 지

난 3년간 전산 회계와 전산 세무, 컴퓨터 활용 능력 등을 공부했던 것
도 내가 얼마나 이 일을 하고 싶은지, 처음 결심했던 그 마음을 늘 상
기했기 때문입니다. 그래서 저는 '초심'이 가장 중요하다고 생각합
니다."

지원자가 가지고 있는 차별화된 강점은 무엇인가요?

질문의 의도와 답변의 핵심 포인트

이 문항의 의도는 지원자의 성향 및 직무적 강점을 확인하고자 일
반적으로 질문을 하고 부족하다면 추가 질문을 하여 지원자의 역량
과 성향을 알아보기 위함이다. 이런 점에서 무조건 업무와 연관되어
야 하는 것은 아니므로 진솔하게 성격, 직무 능력, 경험 등 본인이 가
장 자랑할 만한 내용을 자신감 있게 답변하면 된다.

바로 활용해 쓸 수 있는 추천 답변 예시

"저의 최대 강점은 높은 책임감입니다. 친구들도 어떤 상황에서
든 일이 발생했을 때 저를 믿고 맡기면 걱정하지 않는다고 말할 정
도로 높은 신뢰성을 보이고 있습니다. 대학 시절 동아리 회장을 맡
았을 때 1년간 한 번도 모임에 빠져 본 적이 없습니다. 물론, 중간중
간 개인 사정이 있었고, 동아리는 사적인 모임이었지만, 저는 저를
회장으로 뽑아 주었다는 것 자체가 서로의 약속이라고 생각했기 때
문에 남다른 책임감을 보여야 한다고 생각했습니다. 이러한 성실함

을 인정받아 전체 동아리의 대표 회장이 될 수 있었고, 이후 성과를 인정받아 학교 간 최우수 동아리로 선정되는 영예도 얻을 수 있었습니다.

동료와 의견 충돌이 생긴다면 어떻게 풀어 나가겠습니까?

질문의 의도와 답변의 핵심 포인트

직장 생활에 필요한 대인 관계 능력과 문제 해결 능력, 의사소통 능력에 대해 파악하기 위한 질문이다. 회사에서 다양한 사람들과 함께 업무를 하다 보면, 동료 혹은 상사와 의견 차이가 있을 수 있다. 업무와 관련된 것이지만 잘못 대응했을 경우 서로 간에 감정 충돌로 이어질 수 있고, 이것은 개인의 문제만이 아니라 조직의 분위기를 저해할 수 있는 중요한 부분이다. 그러한 만큼 상황에 유연한 자세로 대응하는 자신의 방법을 들어 답변하고, 유사한 사례가 있다면 함께 이야기하는 것이 좋다.

바로 활용해 쓸 수 있는 추천 답변 예시

"상대방의 의견이 더 좋지는 않은지, 미처 제가 생각하지 못한 부분은 없는지 재점검해 보겠습니다. 그리고 이렇게 다시 생각해 보았음에도 제 의견에도 타당성이 있다면, 상대방에게 어떤 부분이 잘 전달되지 않았는지를 파악하고 상대의 화법에 맞춰 이야기하겠습니다. 평소에도 학과 과제나 동아리 활동에서 서로 의견을 나눌 때, 이러한 방식으로 대해 왔습니다. 그렇게 서로 의견을 주고받다 보면, 상대방도 저에게 충분히 이야기했고, 저도 제 의견을 충분히 전달하기 때문에 보통은 서로의 타협점을 찾거나 더 좋은 의견으로 합해지는 경우가 많았습니다. 간혹 의견 조율이 잘 안될 때에는 토론이 너무 과열되지 않도록 잠깐의 시간을 두고 다시 생각한 후 이야기하는 방법을 사용했습니다. 그럴 때면 잠시 화장실이 급하다거나, 커피 한 잔 사겠다는 등 적당한 이유를 들었습니다. 상대방의 기분이 나쁘지 않게 눈치채지 않도록 했기 때문에 큰 충돌 없이 사람들과 의견을 나눌 수 있었습니다.”

❓ 질문 12

타인의 이익을 위해 자신에게 예상되는 손해를 감수하더라도 일을 수행한 경험이 있다면 구체적으로 그 과정과 결과에 대해 말해 보세요.

질문의 의도와 답변의 핵심 포인트

개인의 윤리가 아닌 공동체 윤리를 묻는 질문이다. 다시 말해, 봉사 정신과 책임감을 평가하고자 하는 문항이다. 봉사 정신은 자신의 이해를 먼저 생각하기보다는 조직과 다른 사람을 위해 애써 일하는 자세를 뜻한다. 그리고 책임감은 주어지거나 하기로 하고 맡은 업무는 어떠한 일이 있어도 정해진 시간 내에 반드시 해내고야 말겠다는 굳은 의지를 의미한다. 이에 올바른 직업인의 자세로 책임 의식이 무엇인지 잘 알아 두는 것이 필요하다.

"대학 시절, 학과 생활 중 '안전 캡스톤 디자인' 과목에서 '생활 안전 및 산업 안전 애플리케이션' 제작 프로젝트에 참여한 적이 있습니다. 팀을 만들어 아이디어를 내고, 파트를 나누어 제작 방향 및 계획을 세워 진행했습니다. 저는 자료 수집 및 내용 구성 역할을 담당하였는데, 제작 파트에서 지속적인 마찰이 발생하여 제 업무가 아님에도 제작 파트의 어려운 부분에도 협력하고 의견을 나누며 활동했습니다. 다른 파트 업무까지 도와주느라 제 시간과 노력을 더 많이 투자해야 했지만, 의견을 조율하고 과제를 수행하는 과정을 통해 관계가 개선이 되었고, A+라는 좋은 성적까지 받을 수 있었습니다. 처음 팀 프로젝트 내에서 무엇인가를 개발하여 좋은 성적을 얻어 냈다는 점에서 저 나름대로의 성과를 이루었다고 생각합니다. 앞으로의 팀 프로젝트에서도 잘 해낼 수 있을 것이라는 자신감을 가질 수 있었습니다."

합격을 위한 완벽한 '면접 준비 프로세스'

한 번에 합격하는 면접 준비 과정!

대부분의 기업은 면접을 최종 합격 바로 전 단계에 배치한다. 따라서 면접을 생각하는 지원자들의 심정은 문자 그대로 '부담 백배'다. 열심히 준비해서 서류 심사와 각종 시험에 어렵게 합격했는데, 최종 관문인 면접에서 탈락하면 실망감은 더욱 커진다.

그래서 한 번에 합격하는 것만큼 좋은 것은 없다. 탈락 후 밀려드는 아쉬움을 느끼지 않으려면 처음 시작할 때 완벽하게 준비하는 방법밖에 없다. 이런 점에서 철저한 준비만이 긴장감을 Down 시키고 자신감은 Up 시켜 준다.

프로세스 1: 기업 분석

면접을 준비하는 지원자들이 가장 먼저 해야 할 일은 철저한 '기업 분석'이다. "적을 알고 나를 알아야 백전백

승”이라고 했다. 회사가 속한 산업군의 동향과 회사의 기본적인 정보는 반드시 파악해야 한다. 특히, 회사의 주력 제품이라든지 최근 관련 기사는 반드시 체크해야 한다. 기업의 홈페이지와 취업 사이트의 기업 분석 리포트 자료를 꼼꼼하게 확인하자.

프로세스 2: 스크립트와 예상 질문 만들기

다음으로는 면접 스크립트를 만들어야 한다. 이때 지원 기업의 기출 면접 질문과 면접 후기를 모으는 게 최우선으로 해야 할 작업이다.

그 후 예상 면접 질문을 만들어 준비하자. 지원 동기 및 자기소개, 장단점, 포부 등 기본적인 면접 질문과 더불어 마지막으로 할 말 등과 같은 플러스 점수를 받을 수 있는 ‘인상적인 답변’도 준비하자. 마지막 질문의 핵심은 반드시 지원하는 회사와 관련이 있어야 한다는 것!

프로세스 3: 시뮬레이션 연습

예상 질문이 준비되었다면 다음으로는 직접 시뮬레이션 연습을 해야 한다. 이때 면접 스터디도 하나의 좋은 방법이 된다. 타인이 보는 피드백을 받을 수 있다는 큰 장점이 있다. 같이 준비할 사람들이 없다고? 걱정하지 말라.

혼자도 가능하다. 실제 면접장이라 생각하고 자신의 모습을 촬영한 후 다시 보도록 하자. 민망함을 견뎌야겠지만 잘못된 점을 알아채기에 이만한 방법이 없다. 패기 있는 모습도, 진중하고 진솔한 모습도 좋다. 자신의 색깔을 정확하게 가지고 가는 게 좋다.

면접 유형에 따른 전략 세우기!

1) 개별 면접

면접관이 두 명 이상일 경우 집중적인 질문을 받기 때문에 지원자는 압박과 긴장감이 크다. 면접관이 지원자를 심도 있게 파악할 수 있으므로 이에 대비한 철저한 준비가 필요하다.

2) 그룹 면접

답변할 기회가 많지 않으므로 자신의 강점을 제대로 보여 줄 수 있도록 준비해야 한다. 대답은 간단명료하게 자신만의 개성을 나타내 보일 수 있도록 해야 하지만, 과하거나 지나치게 답변이 길어지면 면접관으로부터 외면받을 수 있으니 주의해야 한다. 또한, 자기 답변 차례가 아니라고 해서 다른 지원자들의 답변을 소홀히 하지 말자. 경청하는 태도도 중요한 평가 요소로 기록되고 있다. 상

 Part 2 실전 면접 속으로

대가 답변할 때도 면접관들은 나를 바라보고 있음을 잊지 말라!

3) 토론 면접

토론 면접의 핵심은 팀워크이다. 토론 면접에서 리더십을 발휘하는 것은 오히려 독이 될 수 있다. 공손히 자신의 의견을 피력하고 남을 배려하는 모습을 보이는 것이 좋다. 토론 면접은 '조직의 융화'가 관건인 면접이므로 상대방의 말에 경청하며 공손한 자세를 유지해야 한다.

4) PT 면접

지원자의 문제 해결 능력과 의사 전달 능력, 기획 및 내용 구상 능력 등을 전반적으로 평가하기 위한 면접 방법이다. 그러므로 마무리에 대안이나 아이디어를 제안하는 것이 좋은 점수를 받기에 유리하다. 특히, 주어진 시간 안에 자신의 의견을 어필해야 하므로 중요한 내용은 가급적 앞부분에서 발언하도록 구성하는 것이 좋다. 객관적인 데이터나 수치를 활용하여 기업에서 현실적으로 응용할 수 있는 부분을 추가한다면 평가관들의 관심을 집중시킬 수 있다.

이번 항목에서는 지원한 직무(기업 및 지원 분야에 대한 이해도, 적합도, 관심도, 사회적 연관성, 인재상)와 관련된 다양한 22개의 핵심 문항을 통해 대비한다. 직무와 관련한 질문들은 면접에서 일반적이면서 자주 제시되는 유형이므로 본 내용에 대해 완벽히 숙지하고 있어야 한다. 다음에 제시되는 직무에 관련한 대표 문항들을 통해 완벽히 대비해 보자.

? 질문 1

우리 회사의 인재상 중에 한 개를 선택하여 사례를 중심으로 자기소개해 주세요.

질문의 의도와 답변의 핵심 포인트

이 질문은 첫째로는 지원한 회사의 인재상을 알고 있는지 확인하고자 함이며, 두 번째는 지원한 회사의 인재상 및 조직 문화와 맞는 사람인지 아닌지를 파악하고자 하는 것이다. 그러므로 기업의 인재 상을 정확히 파악하고 있어야 하며, 인재상별 발현했던 사례를 최근 경험을 중심으로 답변을 준비해야 한다. 인재상 중 한 가지를 잘 선 택하여 가장 구체적으로 답변할 수 있도록 해야 하며, 되도록 STAR 기법[Situation(상황), Task(했던 일), Action(내가 했던 행동), Result(결과 및 느낌)]에 맞추어 대답하는 것이 논리적이고, 면접관 입장에서도 각인이 명확 히 될 수 있어 좋다.

바로 활용해 쓸 수 있는 추천 답변 예시

"○○기업의 인재상 중 '도전적 인재' 사례를 중심으로 말씀드리겠 습니다. ○○기업에서 인턴을 하던 중 사내 기술 도서관이 오픈하여 도서를 검색할 수 있는 서비스를 제공하게 되었습니다. ○○ 작업 중 리얼타임 오류가 지속적으로 발생하여 매뉴얼대로 복구 작업을 했 지만 많은 시간이 걸리게 되어 빠르게 해결하는 방법이 있지 않을까 찾아보았습니다. FAQ와 검색을 통해 다른 방법에 대해 찾을 수 있게 되었습니다. 이에 과장님께 과거 매뉴얼보다 시간을 단축시킬 수 있 는 효율적인 방법이라고 칭찬을 받았습니다. 추후 다른 직원들까지 사용할 수 있도록 이 방법을 매뉴얼로 작성하라는 지시까지 받게 되 었습니다. 기존의 방법이 아닌 다양한 생각을 가지고 도전하여 업무 의 효율성이 높아졌음을 알게 되었습니다."

가장 최근에 본 뉴스 기사 중에서 우리 업종과 기업에 대해서 본 것이 있으면 말해 주세요.

질문의 의도와 답변의 핵심 포인트

지원자의 회사에 대한 관심과 기초 지식, 정보 수집 능력 등을 묻는 전형적인 질문이다. 지원하는 회사뿐 아니라 회사의 경영 환경에 영향을 주는 업계 동향, 사회 변화, 경쟁사 정보 등에 대해 질문을 던짐으로써 진짜 관심을 가지고 성실하게 준비한 지원자인지 알아볼 수 있다. 직무에 따라서는 이러한 지식과 정보 수집 능력이 매우 중요한 부분일 수 있다. 대표적인 주제가 될 기사를 선정하고 관련 내용을 정리하여 답변한다.

바로 활용해 쓸 수 있는 추천 답변 예시

"최근의 가장 큰 이슈는 미국 47대 대통령으로 다시 당선된 트럼프에 의한 미국의 보호 무역주의와 관련한 각종 정책 및 제도의 변화와 한미 FTA 재개정 협상, 주한 미군 재협정이라고 생각합니다. 이미 사드 배치 문제로 중국 시장에서도 어려움을 겪고 있는 상황에서 미국의 새로운 정책으로 인해 우리나라는 사면초가에 빠진 상황이 아닐 수 없습니다. 이는 귀사뿐 아니라 경쟁사에도 마찬가지겠지만, 글로벌 시대에 자국의 경쟁사만이 문제가 아니기 때문에 세계적인 경쟁사와 어떻게 경쟁해야 할 것인지 큰 위기라고 생각합니다. 이에 당장의 공청회 대응에 총력을 기울이고, 정부와 함께 대응 방안을 모색

한다고 보았지만, 그 결과에 대해 확신할 수 없는 만큼 자구적인 노력도 필요하다고 생각합니다. 30% 이상의 점유율을 차지하며 1위를 기록 중인 인도를 중심으로 유럽 시장을 계속 공략하고, 미국의 통상 압박을 피하기 위해 지금 추진 중인 미국 현지 공장 설립과 일자리 제공을 카드로 활용해야 한다고 생각합니다.”

기업의 사회적 책임에 대해서 자신의 생각을 이야기해 보세요.

질문의 의도와 답변의 핵심 포인트

지원자가 기업의 역할에 대해 생각하는 바와 업무 추진함에 있어 어떤 가치관을 가지고 있는지를 묻는 질문이다. 많은 지원자가 '기업의 사회적인 책임'이라고 하면 봉사 활동을 중심으로 답변을 준비한다. 그러나 기업의 본질은 사회사업이 아니라 재화나 용역, 즉 서비스의 제공을 통한 이윤 추구라는 것을 잊지 말아야 한다. 이러한 경제 활동 자체로 기업이 사회적으로 역할을 할 수도 있다는 것을 이해하고 답변하자.

바로 활용해 쓸 수 있는 추천 답변 예시

“기업의 사회적 책임을 다하는 가장 좋은 방법은 활발한 경영 활동으로 많은 일자리를 창출하고 그에 대한 임금 지불로 국민 생활과 경제의 기초를 제공하는 것이라고 생각합니다. 특히, 요즘과 같이 저성장 경제와 구직난이 심각한 시대적 상황에서는 기업 본연의 기능을 잘 수행하는 것이, 사회 환원보다 더 중요하다고 생각합니다. 또한 국가를 대표하는 기업, 기술은 국격을 향상시키고 국가의 브랜드 가치를 높이는 것에도 보탬이 됩니다. 정당한 이윤 추구 활동과 이를 통한 성실한 납세, 공정한 거래를 통한 관계사와의 상생, 근로자에 대한 임금 지불 등 본연의 기능을 잘해야 한다고 생각합니다."

? 질문 4

본인이 원하는 직무는 어떤 것입니까?

질문의 의도와 답변의 핵심 포인트

직무에 대한 지원자의 이해도와 열정, 준비된 바를 알아보기 위한 질문이다. 직무가 무엇인지 단답형으로 이야기하기보다는 그것을 왜 원하는지, 본인이 해당 업무를 잘 수행할 수 있는 어떤 역량을 가지고 있는지를 예시를 들어 설명해야 한다. 이전 직장에서의 업무와 동일하거나 본인의 준비된 역량과 연결성 있는 직무라면 쉽게 연결해 답변할 수 있을 것이다. 하지만 해당 질문의 경우 전혀 다른, 혹은 유사성이 일부만 있는 직무로 바꿔 지원하는 경우에도 충분히 물어볼 수 있다. 이 경우 해당 직무로 전직을 원하는 이유까지 면접관이 납득할 수 있도록 연관성을 잘 설명하거나, 전직을 위해 충분한 준비가 되었다는 것을 증명하도록 한다.

바로 활용해 쓸 수 있는 추천 답변 예시

"저는 교육 강사를 희망합니다. 10년간 현업 실무에서 고객을 응대하면서, 사내 멘토로 활동하였습니다. 그 밖에도 여가 시간을 활용해 블로그를 운영하면서 취업을 준비하는 학생들이나 새로 입직한 초임 사원들의 카운슬러를 자청해 왔습니다. 그러면서 어느 순간 지금 하고 있는 업무보다 멘토 활동이나 블로그에서 정보를 얻어 가는 이들이 자리를 잡아 가는 것에 더욱 보람을 느끼는 저를 보았습니다. 이에 업무 시간을 틈틈이 활용하여 대학원에 진학해 전공을 바꿔 교육학 석사를 취득하였습니다. 그리고 그간 현업에서의 경험을 살려 '○○○ 직종 종사자를 위한 경력 개발 방안 연구'를 주제로 논문을 썼습니다. 이러한 저의 역량과 업무에 대한 비전을 살려 교육 강사로서 더 많은 사람들에게 꿈을 위한 디딤돌이 되고 싶습니다."

? 질문 5

지원한 직무에서 가장 필요한 것이 무엇이라고 생각합니까?

질문의 의도와 답변의 핵심 포인트

지원자의 업무에 대한 이해도와 이와 연관된 개인의 특성을 묻는 질문이다. 이러한 질문을 통해 기업에서는 지원자가 업무에 대해 정확하게 알고 있는지, 업무를 맡겼을 때 잘할 수 있는 준비가 되어 있는지를 알고자 한다. 이와 더불어 앞으로 해당 업무를 수행할 담당자라면 내가 할 일의 특성에 대해 알고 있어야 함은 물론, 이에 비추어 본인의 성격, 역량, 가치관이 어떻게 활용되어야 할지도 알고 있어야 한다. 본인의 장점과 연결하여 답변하되, 객관적인 기준에서도 일의 특성과의 연관성이 납득이 갈 수 있는 것을 선택하면 된다.

바로 활용해 쓸 수 있는 추천 답변 예시

"무엇보다 '심미적인 감각'과 '창의성'이라고 생각합니다. 웹 디자인 업무는 일을 맡긴 고객이 말하고 싶은 것을 사이트 이용객에게 잘 전달되도록 구성하는 일이라고 생각합니다. 때로는 페이지 내에 여러 정보가 나열되기 때문에 각 정보를 묶는 색이나 구성에 있어서, 서로 구분이 되면서도 조화를 이루는 것이 중요합니다. 그래서 여기에 디자이너의 심미적인 감각과 창의성이 중요한 차이를 만든다고 생각합니다. 많은 내용도 간결하게 가독성을 살릴 수도 있고, 더 중요한 것을 강조할 수도 있습니다. 그런 점에서 제가 배운 인포그래픽도 유용하게 쓰일 것이라고 생각합니다."

? 질문 6

지원자가 기업을 선택하는 기준은 무엇인가요?

질문의 의도와 답변의 핵심 포인트

이 문항은 지원자가 생각하는 기업 선택의 기준과 해당 회사가 어느 정도 일치하는지를 알아보기 위한 질문이다. 사전에 회사에 대한 분석을 통해 회사의 비전, 경영 방침, 향후 성장 가능성 등을 확인하여 자신의 기업 선택 기준과 연결하여 자신 있게 답변해야 한다.

바로 활용해 쓸 수 있는 추천 답변 예시

"제가 회사를 선택하는 기준은 지속적으로 성장이 가능하고 최선을 다하는 노력을 통해 제 자신도 성장할 수 있느냐 하는 것입니다.

○○○기업은 실제 기술 개발을 통해 제가 가장 선호하는 분야에서 경쟁력을 보유하고 있습니다. 학부 시절부터 각 기업을 분석하면서 제 나름대로 말씀드린 기준에 대해서 알아보았고, ○○ 분야의 전문 역량도 갖추기 위해 꾸준히 노력해 왔습니다.”

본인이 지원한 분야에 대해 1분 정도로 간략하게 소개해 보시겠습니까?

질문의 의도와 답변의 핵심 포인트

지원자가 본인 지원 분야에 대해 이해하고 자신감을 가지고 있는지를 알아보고자 하는 질문이다. 따라서 사전에 지원 분야에 대한 정확한 조사와 분석을 통해 자신감 있게 답변해야 한다.

바로 활용해 쓸 수 있는 추천 답변 예시

(총무 분야를 지원한 경우)

“예. 제가 지원한 분야는 총무 분야로 가장 중요한 자산 관리 역할을 하게 됩니다. 특히, 총무 분야는 VIP 의전 및 일정을 관리하고 대외 행사 및 외주업체 관리도 하게 됩니다. 그렇기 때문에 법학적 지식이나, 행정, 경영의 기본 지식이 필요하다고 생각하며, 다양한 외주업체를 분석하고 업체 비교, 선택, 관리 업무를 수행하게 되기 때문에 청렴한 자세와 작은 하나라도 주인 정신을 가지고 성실히 임해야 한다고 생각합니다.”

지원자 본인은 해당 분야에 지원하기 위해 어떠한 노력을 하셨나요?

질문의 의도와 답변의 핵심 포인트

지원자가 자신이 지원한 기업의 관련 직무에 대해 정확히 이해하고 있는지, 업무를 수행할 준비가 되어 있는지를 확인하기 위한 질문이다. 지원 분야의 직무 분석을 명확히 하고 해당 분야의 역량을 분석하여 보유 지식, 경험, 자세 등을 통해 자신감 있게 답변해야 한다.

바로 활용해 쓸 수 있는 추천 답변 예시

"제가 지원하는 분야는 ○○○ 분야입니다. 이와 관련해서 저는 제 분야 최고의 전문가가 되기 위해 2가지를 충실히 노력해 왔습니다. 먼저 전공 지식입니다. 제가 지원한 분야는 ○○○한 업무를 수행하기 때문에, 기본적인 ○○○, ○○○ 지식이 필요하다고 생각했고 저는 학부 과정 동안 기본에 충실하자고 마음먹고 관련 과목을 열심히 수강하여 A 이상의 학점을 받았습니다. 다음으로 현장에서 6개월간 인턴을 하며 현장 감각을 배웠습니다. 실제 처음 단계부터 차근차근 전체의 업무 프로세스를 체험하고 배우면서 제 진로에 확신도 갖게 되었고 이론적인 부분을 현장에서 어떻게 적용해야 하는지 알기 위해 노력해 왔습니다. ○○○ 분야에 꼭 기여하는 인재가 되고 싶습니다."

최근 ○○ 산업의 이슈는 무엇인가요?

질문의 의도와 답변의 핵심 포인트

이러한 질문을 던지는 의도는 지원자가 지원 회사뿐만 아니라 해당 산업군의 트렌드나 최근 이슈 등을 고민하고 관련 분야에 대해 충분히 알고 이해하고 있는지 아니면, 그냥 '묻지 마' 지원인지를 확인하기 위함이다. 따라서 지원 회사와 관련한 산업의 이슈, 최근 트렌드, 기사 등을 발췌하여 핵심이 되는 내용을 답변할 수 있어야 한다.

바로 활용해 쓸 수 있는 추천 답변 예시

(반도체 분야 지원)

"제가 지원한 반도체 분야는 최근 20나노, 10나노를 넘어 7나노를 향해 새로운 기술 개발을 하고 있습니다. 하지만 무어의 법칙이 깨졌다는 상황에서 미세화 공정과 집적도에서 한계에 봉착했습니다. 이러한 트렌드에서 당사는 새로 개발된 공정 장비를 도입하며 미세화 공정을 수행하면서 점점 발전하고 있습니다. 이러한 반도체의 글로벌 경쟁력을 갖추기 위해 새로운 공정을 개발하고 기술력을 개발하는 것이 가장 중요하다고 생각합니다."

? 질문 10

우리 회사의 인재상(비전, 경영 방침, 대표 제품 등)에 대해 말씀해 보세요.

지원한 회사에 대해 기본적인 사항을 알고 지원했는지, 정말 우리 회사에서 근무할 사람인지 알아보고자 던지는 질문이다. 사전에 기업의 비전, 경영 방침, 인재상, 주식 가격, 대표 제품 등 관련 자료 수집을 통해 자신감 있게 답변해야 한다.

바로 활용해 쓸 수 있는 추천 답변 예시

"○○회사의 인재상은 창의, 도전, 열정입니다. 특히, 회사의 비전은 2030 아시아의 No. 1 브랜드가 되는 것입니다. 이러한 비전을 달성하기 위해 회사는 최근 신규 사업에 최선을 다하고 있습니다. 저는 도전적 자세로 어려움을 이겨 내고 꼭 비전을 달성하는 데 도움이 되는 인재가 되겠습니다."

? 질문 11

자신이 속했던 조직의 발전을 위해 특별히 노력했던 적이 있습니까?

본 문항은 조직의 이해 능력 중 하나인 '조직 체계'와 '경영의 원리'

를 이해하는 것을 바탕으로 공동체 윤리 중 강한 책임감과 봉사 정신을 확인하는 질문이라고 보면 된다. 답변 시에는 자신이 속해 있는 조직의 특성에 대해 이해하고 맡은 업무의 특성을 파악하는 것이 가장 중요하다. '조직 이해' 능력은 조직원으로서 가지고 있어야 할 자세와 비전에 대해 얼마나 깊이 이해하고 있는지에 대해 평가하려는 것으로 자신이 갖추고 있는 장점, 능력, 경험을 기업과 업무에서 필요한 능력과 연결 지어 답변해야 한다. 또한, 단순히 개인 윤리보다는 직업 윤리로서 '공동체 윤리'에 대해서도 함께 어필하는 것이 좋다. 자신이 그간 얼마나 공동체 내에서 상호 존중과 배려, 인화의 가치를 실천해 왔는지, 또 입사 후에도 이를 어떻게 구현할 수 있는지 등에 대해 답변하면 된다.

바로 활용해 쓸 수 있는 추천 답변 예시

"교내 사진 동아리에서 활동하면서 동아리 40주년 기념으로 큰 규모의 전시회를 기획했습니다. 전시 기획이 진행되면서 많은 동아리원이 군 입대, 휴학 등 개인 사정으로 각자의 업무에서 이탈하면서 저를 포함한 소수의 동아리원이 업무를 떠맡아야 하는 상황이 발생했습니다. 이로 인해 동아리 내부에 갈등이 생겼고, 저 또한 제가 맡았던 공금 결산 업무에 포스터 및 팸플릿 디자인이라는 전혀 해 보지 않았던 업무까지 맡게 되었습니다. 하지만 저는 저희가 준비한 전시회가 성공하길 바랐기 때문에 동아리가 와해돼서는 안 된다고 생각했습니다. 그래서 저는 일을 할 수 없는 동아리원의 사정을 끝까지 들어 주고 이해해 주었습니다. 또한, 함께 기획을 진행하는 동료들의 힘든 부분을 들어 주고 동료들을 도우며 업무를 수행했습니다. 이와 같은 노력으로 서로 간의 감정적인 갈등은 더 이상 생기지 않았으며 가중된 업무에서 부족한 부분은 공부를 하면서 각자가 맡은 업무를 완벽히 수행하고자 노력했습니다. 그 결과, 저희는 40주년 특별 전시회를 성황리에 마무리할 수 있었습니다. 이러한 경험으로 팀을 이루어 업무를 수행할 때 가장 중요한 것은 서로를 탓하지 않고 배려하는 것이라는 것을 알게 됐습니다. 모르는 분야의 업무를 하는 것을 자신

 **여기서 잠깐!**

직업 윤리란?

직업 윤리 정의

- 조직의 목표와 사회적 가치를 실현하기 위해 성실함, 책임감, 도덕성을 바탕으로 자신의 역할을 다하는 태도
- 모든 직업인의 기본이자 성공적인 조직 생활의 필수 요소

[면접에서 직업 윤리 어필하는 방법]

구체적인 사례 제시
이전 프로젝트에서 팀원 간의 의견 충돌이 있었지만, 투명한 소통으로 갈등을 해결한 경험이 있습니다.

회사 가치와 본인의 직업 윤리가 일치한다는 점 강조
○○○은 신뢰와 협업을 중시하며, 이는 제가 가장 중요하게 여기는 가치입니다.

의 능력을 향상시킬 수 있는 새로운 기회로 전환하여 자기 성장의 기회로 삼았습니다."

? 질문 12

대학 생활을 하면서 몰두한 경험이 있습니까?

질문의 의도와 답변의 핵심 포인트

이 문항은 표면적으로는 직무 수행에 있어 필수적인 자기 개발 능력 중 '자기 관리'를 묻는 질문으로만 보이지만, 실제로는 '대인 관계'도 함께 묻는 질문이다. 종합적인 측면에서 자주 출제되는 면접 문항이니 꼭 대비해야 한다. 대학 생활에서 학과 공부 이외에 주요 관심사와 이를 통해 무엇을 얻었는지 묻고 있는데, 단순히 자랑으로 끝내지 말고 거기에서 무엇을 얻었고 어떻게 자신이 성장해 왔는지를 잘 어필해야 한다. 특히, 그중에서도 대인 관계 능력에 초점을 두는 것이 좋다.

바로 활용해 쓸 수 있는 추천 답변 예시

"대학에 입학하면서 학업 목표 외에 다양한 경험에 도전해 보고 싶었습니다. 그래서 학과 공부도 열심히 했지만, 그에 못지않게 동아리 활동도 열심히 했습니다. 보육원 아이들을 정기적으로 방문하는 동아리였습니다. 저는 그 아이들에게 수학을 가르쳤습니다. 제가 맡은 학생들의 학업 성취도가 올라가는 것을 지켜보면서 저 역시 보람을 느꼈습니다. 제가 그 아이들에게 도움을 주었다기보다는 늘 제가 더 큰 교훈을 얻고 돌아오곤 했습니다. 또한, 동아리 활동 덕분에 다른 학과 친구들과도 교류하면서 폭넓은 대인 관계를 갖게 되었습니다."

? 질문 13

직장 내 왕따 문제에 대해 어떻게 생각하시나요?

질문의 의도와 답변의 핵심 포인트

이 문항은 직무 수행에 있어 필수적인 능력 중 하나인 '팀워크'와 '문제 해결 능력'을 묻는 질문이다. 모름지기 회사란 함께 일하여 결과를 만들어 내는 공동체를 말한다. 따라서 독불장군은 결코 회사에 도움이 되지 않는다. 구성원들의 화합(원만한 협업)과 단결을 통해 발휘되는 것이 시너지이므로, 시너지 측면에 있어서도 회사가 가장 중시하는 것은 바로 '팀워크'이다. 이런 점에서 직장 내 왕따는 조직의 조화와 화합을 저해하는 요소로 작동하며 시너지 창출을 방해한다. 그러므로 직장 내 조직 구성원 사이에 팀워크에 문제가 생겼을 때는 그에 대한 문제 의식이 있어야 한다. 그리고 구성원으로서 적극성을 가지고 문제를 해결하는 모습을 보여 주어야 한다.

바로 활용해 쓸 수 있는 추천 답변 예시

"직장 내 왕따 문제는 개인을 위해서도 조직을 위해서도 바람직하지 않습니다. 또한, 이러한 왕따 문제는 팀워크에도 전혀 도움이 되지 않습니다. 이러한 문제는 충분한 대화를 통해서 해결할 수 있는데도 집단 따돌림이 발생한다는 것은 조직원 간 신뢰에 문제가 있다는 것입니다. 어떤 식으로든 그런 문화는 없애야 합니다. 저는 이런 일이 발생할 경우, 가장 먼저 대화를 통해 문제를 적극적으로 해결해 내겠습니다."

? 질문 14

지원자가 생각하는 좋은 상사에 대해서 말해 보세요.

질문의 의도와 답변의 핵심 포인트

직무 수행에 있어 필수적인 대인 관계 능력 중 '리더십'을 묻는 전형적인 질문이다. 답변에 따라 미래에 지원자가 상사가 되었을 때의 모습을 예측할 수 있다. 이 세상에 완벽한 사람은 없다. 사실, 좋은 상사는 결국 자신의 미래를 투영한 모습이라고 생각할 수 있다. 그러므로 자신이 좋아하는 유형의 상사로 거듭나기 위해 자신부터 노력해야 한다. 또한, 여기서 중요한 것은 만약 합격하게 된다면 지금 내 앞에 있는 면접관이 상사가 될 가능성이 매우 높다는 사실이다. 따라서 면접관 입장에서는 지원자에게 선호하거나 꺼려하는 관리자의 유형을 묻는 것도 당연하다. 대한민국의 거의 모든 상사는 자기 주도적으로 일할 수 있으면서 직장 내 서열도 존중하는 부하 직원을 원한다. 지원자가 선호하는 상사 스타일이 있더라도 면접에서는 상사의 입장에서 본다고 생각하고 질문에 대답해야 한다. 내가 선호하는 상사 스타일을 말하는 것이 아닌, 면접관이 좋아할 만한 스타일을 답변해야 함을 꼭 잊지 마시길.

"실제로 저는 좋은 리더 역할이 무엇인가에 대해서 깊이 고민한 경험이 있습니다. 훌륭한 리더 옆에는 반드시 훌륭한 팔로워가 있습니다. 결국, 좋은 리더가 되기 위해서는 파트너십이 중요합니다. 또한, 좋은 리더는 명확한 목표를 제시하고 명확하게 소통하며 명확한 보상을 주는 것이 중요할 것 같습니다. 관리자가 된다는 것은 쉽지 않은 일이라고 생각합니다. 최선의 선택이 무엇일지 확신하기 어려울 때도 좋은 본보기를 보여야 하고, 때로는 실수할 수도 있습니다. 저는 완벽한 상사를 기대하지는 않습니다. 다만, 일이 힘들어도 유머 감각을 잊지 않는 분을 좋아하는 편입니다."

대인 관계 능력 답변 사례

질문

- ✔ 협업 과정에서 갈등이 발생했을 때, 이를 어떻게 해결했나요?

평가 의도

- ✔ 협업 능력과 갈등 해결 능력을 확인

우수 답변 예시

- ✔ 대학생 봉사 활동 중 역할 분담 문제로 팀원 간 갈등이 발생했습니다.
  저는 서로의 입장을 이해하기 위해 중재자로 나섰고, 각자의 강점을 살려 업무를 분배하는 방안을 제안했습니다.
  이를 통해 갈등을 해결하고 팀워크를 강화할 수 있었습니다.

? 질문 15

지원자가 꿈꾸는 직장은 무엇입니까?

질문의 의도와 답변의 핵심 포인트

직무 수행 능력 평가에서 '조직 이해 능력'을 묻는 질문이다. 지원자가 조직에 얼마나 적합한 자인가를 판단하려는 것이니, 꿈꾸는 직장에 대해서 너무 부풀려 말하지 말고, 꿈의 직장을 구성하는 요소를 부각시켜 대답해야 한다. 면접관은 지원자의 진정한 꿈이 궁금한 것이 아니므로 이 질문을 지나치게 심각하게 해석할 필요가 없다. 꿈은 이루지 못할 가능성이 높으며 면접관이 원하는 일자리를 만들어 줄 수 있는 것도 아니다. 면접관에게 가장 중요한 것은 조기 퇴사하는 지원자를 걸러내는 것이다. 다른 곳에서 일하고 싶은 지원자를 계속 채용하다 보면 얼마 지나지 않아 회사는 어려움에 처할 수도 있다. 실제로도 '꿈꾸는 직장을 답하라'라는 질문에서 많은 지원자가 탈락한다. 이유는 아주아주 단순하다. 면접 중인 회사와 동떨어진 직장에 대해 말했기 때문이다. 개인적인 소망을 이용해서 답변을 만들면 지나치게 많이 말하지 않고도 질문에 적절하게 답할 수 있다. 그러니 지원자가 하는 일을 잘 해내는 데 초점을 맞추어 대답하면 된다.

바로 활용해 쓸 수 있는 추천 답변 예시

"제가 꿈꾸는 직장은 일에 몰입할 수 있는 환경을 제공해 주는 곳입니다. 또한 일하면서 스스로 성취감을 느낄 수 있도록 의욕을 북돋아 주며 언제나 제 분야에서 새로운 비전을 열어 가는 인물로 인정받을 수 있는 그런 직장입니다. 어떤 직장이 그런 기회를 제공할지 정확히 알 수는 없겠지만 앞서 말씀드린 요소는 제가 직장을 선택하는 매우 중요한 기준입니다."

❓ 질문 16

지금까지 살아오면서 가장 큰 성취 경험은 무엇입니까?

질문의 의도와 답변의 핵심 포인트

직무 수행 능력 중 지원자의 '주도적 학습 능력'을 평가하는 질문이다. 그중에서 '자기 개발' 능력 영역에 해당되며, 좀 더 구체적으로 말하자면, '자기 관리'에 대해 묻는 질문이다. 성취 경험을 묻는 질문에 대부분의 지원자들은 '무엇'부터 생각한다. 성취의 결과는 대단한 것일 수도 있고, 그렇지 않을 수도 있는데 자신의 성취 경험이 너무나 약소하기 때문에 좋지 않은 평가를 받는 것은 아닐까 우려하는 지원자들이 많다. 그러나 기업에서 알고자 하는 것은 지원자가 어떠한 성취를 했는지가 아니라, 지원자가 성취를 위해 어떠한 노력을 했으며, 그 노력을 통해 길러진 역량은 무엇인지, 입사 이후에 이 역량을 어떻게 활용할 수 있는지에 대한 것이다. 따라서 답변을 구성할 때 성취하기까지의 '과정'에 초점을 두어야 한다. 이 문항에서는 결과보다 '과정'이 중요함을 꼭 기억하라.

바로 활용해 쓸 수 있는 추천 답변 예시

"대학 생활을 하면서 어떤 일을 주도해 나가는 리더십이 부족하다고 느꼈던 저는 제 자신을 바꿔 보고자 교직 이수를 신청했습니다. 학교 현장 실습 동안 수많은 학생들 앞에서 가르쳐야 했기에 제게 정말 큰 용기가 필요한 선택이었습니다. 학생들 앞에서 당당히 수업을 이끌어 가기 위해서 밤새워 강의 연습을 하면서 수업 준비를 철저히 했습니다. 사실, 교직 이수를 하면서 항상 시간에 쫓기며 살았고, 현장 실습 동안에는 긴장감 속에 하루하루를 보내야 했습니다. 그러나 그러한 시간이 있었기에 사람들 앞에 서는 두려움을 이겨 낼 수 있었다고 생각합니다. 또한, 양질의 학습 내용을 전달하기 위해 제가 맡은 과목에 대해 깊이 있게 공부하는 계기가 되었으며 학생 개개인이 학습 목표를 성취해 나갈 수 있게 하는 강인한 '책임 의식'을 가지게 되었습니다."

? 질문 17

평소 여가 시간에는 무엇을 하십니까?

질문의 의도와 답변의 핵심 포인트

스트레스 관리에 관한 가장 전형적인 질문이다. 스트레스 관리를 잘하는 사람일수록 긍정적이며 일에 대한 몰입이 높다. 그에 따라 일의 효율성도 좋을 것이라고 충분히 예상할 수 있다. 기업에서 알고자 하는 것은 단순히 지원자의 취미 생활이 아니다. 본 문항은 평소 생활에서 스트레스 해소 방법을 통해 향후 조직 생활에서 업무적으로 스트레스를 받을 경우, 어떻게 해결하고 극복하는지 알아보기 위한 질문으로써 구체적으로 자신만의 스트레스 해소 '노하우'를 대답해야 한다.

바로 활용해 쓸 수 있는 추천 답변 예시

"저는 평소에 주짓수를 즐겨합니다. 주짓수는 다소 격렬해 보일 수도 있는 격투 운동이지만 일주일에 한 번 주짓수를 하고 나면, 그동안의 스트레스가 한 번에 풀립니다. 앞으로 제가 해야 할 업무는 영업직으로 체력 관리도 중요한 부분이라고 생각합니다. 그러므로 꾸준히 지속하고 있는 주짓수 운동은 저의 건강뿐만 아니라 업무 수행에도 도움이 될 것이라 확신합니다."

학창 시절 동아리나 사회 활동 경험에 대해서 말해 보세요.

질문의 의도와 답변의 핵심 포인트

지원자의 활동 경험을 통해 지원 직무에 도움이 될 만한 역량과 성격적 강점, 대인 관계 능력, 리더십 등 다양한 내용을 알아보기 위한 종합적인 질문이다. 동아리나 아르바이트와 같은 사회 활동 경험은 지원자가 앞으로 회사에 입사해 어떤 모습을 보일지 예측해 볼 수 있는 좋은 예시이다. 지원자의 대인 관계 능력, 의사소통 능력, 리더십과 협동심, 배려심 등 답변의 내용에 따라 다양한 면면들을 살펴볼 수 있기 때문이다. 이력서에 나와 있는 활동 사항들의 예시를 들어 본인만의 차별점을 핵심적으로 기술하고, 혹시 이력서에는 쓸 수 없었던 내용 중 도움이 될 만한 것도 잘 정리하여 답변한다. 가짓수가 많지 않더라도 직무와 연관된 경험, 성격을 보여 주는 것이 핵심이다.

바로 활용해 쓸 수 있는 추천 답변 예시

"대학 시절 검도부에서 총무를 맡았습니다. 검도부는 기본적으로 심신 수련과 친목 도모를 위한 모임이었지만 연합 동아리이다 보니 타 대학과 교류하는 일이 많았습니다. 저희 학교만 100명이 넘는 인원이 있었고, 20년간의 역사가 있어 매년 가을에 열리는 ○○제에는 졸업생까지 총 2,500명가량의 선배님들 명부까지 관리해야 하는 대규모 동아리입니다. 자체 및 연합 내 매월, 매 분기, 연 2회의 행사를 준비하는 것부터 구성원들의 대소사를 챙기는 것까지 다양한 구성원들의 의견을 모아 조율하고 세세한 일까지 챙기는 것이 저의 일이었습니다. 또한, 자금 관리에서 제가 운영하는 비용만 수천만 원에 달해 정확하고 깨끗하게 작은 오차도 없도록 신경 썼고, 이를 통해 제가 맡은 기간 동안 1원의 이상 없이 맡은 바 책무를 무사히 마쳤습니다."

주위에서는 본인을 어떻게 평가하고 있습니까?

질문의 의도와 답변의 핵심 포인트

지원자의 평소 생활 모습을 통해 향후 조직 생활과 대인 관계에서 어떤 모습을 나타낼 것인지를 유추하고자 던지는 질문이다. 본인을 설명하는 키워드가 회사의 조직 문화나 지원 직무와 어떤 연관성이 있는지를 염두에 두고, 면접관의 긍정적인 판단에 도움이 되는 답변일지 고려해야 한다. 주변 사람들에게 들었던 평을 직접 인용할 수도 있으나, 단순 인용보다는 사례를 들어 답변하는 것이 좋다.

바로 활용해 쓸 수 있는 추천 답변 예시

"저는 과묵하지만 주어진 일은 정확하게 해내는 '신뢰 깊은' 사람이라는 평을 듣고 있습니다. 이는 평소 말수가 그리 많거나 드러나는 성격이 아님에도 주로 조장, 리더를 맡는 이유이기도 합니다. 특히, 저는 겉으로 보여지는 것보다 성실하게 과정을 진행하고 이를 기반으로 확실한 결과를 내는 것이 더 중요하다고 생각하기 때문에, 주어진 과제와 역할에 최선을 다합니다. 그리고 팀 활동 시에는 제가 말을 많이 하기보다는 상대방의 생각을 경청하며, 다른 사람에 대해 이해하고 보다 많은 사람이 공감할 수 있는 결과를 만들어 내려고 노력합니다. 덕분에 아르바이트와 동아리 활동에서도 신뢰를 얻어 선임이나 회장의 직책을 다양하게 맡아 올 수 있었습니다."

대기업 출신 저자의
합격 노트

핵심 주제로 완성하는 면접

주제별 핵심 문항과 답변으로 완성한다

이번 장에서는 핵심 주제(팀워크 발휘, 지원 동기, 강점, 입사 후 포부와 비전 등)에 맞춘 문항을 통해 대비한다. 본 주제들은 면접에서 가장 중요한 핵심 유형이므로 3장만큼은 반드시 완벽히 숙지하고 있어야 한다. 이어지는 풍부하고 다양한 답변과 답변에 대한 상세 분석을 참고하여 반복 학습을 통해 완벽히 대비해 보자. 3장에 등장하는 모든 답변은 최신 면접(2024~2025년도)에서 지원자들이 제시한 실제 자료이므로 취준생 여러분에게 실질적인 도움이 될 것이라 확신한다.

1) 주제 1 팀워크 발휘 경험

핵심 문항

"팀워크를 발휘한 경험에 대해 말해 보세요."

팀워크 발휘 부분은 면접 수준에 관계없이 모든 지원자가 기본적이면서 필수적으로 갖춰야 하는 요소이다. 따라서 상황이나 역할보다는 본인의 구체적인 생각이나 행동이 팀워크에 관련된 내용을 많이 반영하고 있는 소재를 선택하거나 혹은 지원 기업 팀워크 의미에 부합하는 소재를 고려하는 것이 좋다.

예를 들어, 학생회 사업을 위한 스폰서 확보(업체와 윈윈 전략 수립을 위한 팀원과 협력)와 소모임 학교 축제 준비(자발적으로 본인 역할 외 물품 구입을 위한 노력), 동아리 활성화(기존 회원 유지 및 신규 회원 유치 노력을 팀원과 함께 수행), 신규 동아리 설립(애정을 가지고 A~Z까지 관여, 팀원들 업무 환경 지원), 판매 아르바이트(사전 준비 과정의 궂은 일을 자진하여 팀원과 제품 완판)와 사무실 보조(교수님 연구비 실적 관리, 팀과 개인 발전) 등을 언급하는 것이 좋다.

단, 이때 지양해야 할 부분은 본인의 노력보다 다른 팀원들의 노력이 부각되는 소재는 피해야 한다는 것이다. 또한, 주어가 본인이 아닌 '우리' 혹은 '함께' 등 본인이 구체적으로 경험한 것도 활용이 가능하다.

"어르신 대상 스마트폰 교육 봉사 당시, 어르신들 각자마다 이해 수준이 달라 수업 참여율이 점차 낮아졌습니다. 하지만 저와 팀원들

은 수업을 그냥 진행하는 것이 아닌, 13명 모두 전원 출석이라는 목표를 세웠습니다. 어르신들 스마트폰 활용 수준과 관련한 설문지 제작과 1:1 대화 시간을 마련하여 어르신들의 스마트폰 활용 수준을 파악하였고, 이를 반영하여 13명 전원 출석과 복지관 내 우수 프로그램 선정이라는 성과를 얻었습니다."

» 장점 및 보완점

어르신들에 특화된 내용으로 교육을 충실히 수행하여 '전원 출석'이라는 목표 달성에 완벽히 부합한 부분이 돋보인다.

"공모전 준비에서 효율적인 일 분배를 통해 금상을 수상한 적이 있습니다. 기본 조사에서부터 실험, 발표 자료 작성까지의 단계를 수행하였습니다. 이때 각자가 조금 더 자신 있는 부분을 하나씩 맡아 주도하는 방식으로 준비를 진행하였습니다. 완성도를 높임과 동시에 서로의 좋은 일 처리 방식을 보며 배울 수 있는 기회가 되어 수상이라는 좋은 성과를 얻었던 것 같습니다."

» 장점 및 보완점

팀워크 지표에 일부 포함될 수 있는 내용(효율적인 일 분배) 요약과 경험 성과에 대한 요약(금상 수상)을 제시한 점이 아주 돋보인다.

"대학생 기자단으로 활동하며 팀원들의 상황을 이해하고 각자의 강점을 활용하여 목표했던 조회 수 이상인 600건을 기록한 경험이 있습니다. 반도체 산업에 종사하는 현직자와의 인터뷰를 바탕으로 콘텐츠를 제작하던 중 비공학 계열의 팀원들이 인터뷰 내용을 이해하는 데 어려움을 겪었습니다. 이에 회의를 통해 반도체에 대한 이해도가 높은 팀원들은 인터뷰 내용 정리 및 공정 용어 설명 리스트를 만들고, 편집 툴을 다뤄 본 팀원들은 인터뷰 내용을 카드 뉴스로 제작했습니다. 그 결과, 한 달 동안 목표 이상의 조회 수 600건을 기록했습니다."

≫ 장점 및 보완점

본인이 어떻게 팀워크를 발휘했는지가 잘 제시되고 있지 않다. 팀원들이 각자 어떠한 노력을 했는지 중심으로 답변하고 있기에 지원자의 팀워크 역량을 파악할 수 없는 내용으로 답변이 제시되고 있다. 소재 변경보다는 주도적인 본인의 생각이나 행동 중심을 강조하기를 바란다. 단, 본인의 행동 노력(팀원 상황 이해 및 각자 강점 활용) 요약과 경험 성과에 대한 요약(600건 기록)을 제시한 점은 아주 좋다.

"도서관 학생 위원회 당시, 예산 승인이라는 조직의 성과를 이뤄낸 경험이 있습니다. 당시, 시험 기간으로 팀원 전원이 시간이 부족하여 준비가 어려웠습니다. 업무 분담이라는 저의 역할에 따라, 업무의 세분화와 공정한 업무 배분에 집중했습니다. 팀원의 전문성에 맞는 업무를 배분한 결과, 팀원들은 예산 승인 준비에 집중할 수 있었고 그 과정에서 끈끈한 팀워크를 형성했습니다. 예산 승인에 성공이라는 조직의 실질적이고 가시적인 성과와 단단한 팀워크를 형성하여 장기적인 팀의 성장도 이뤄 낼 수 있었습니다."

◎ 장점 및 보완점

본인의 원래 역할이었기에 이 부분만을 가지고 팀워크를 발휘했다고 하기 어렵다. 따라서 본인이 어떻게 팀워크를 발휘했는지 잘 제시되고 있지 못하고, 팀원들이 각자 어떠한 노력을 했는지 중심으로 답변하고 있어 본인의 팀워크 역량을 파악할 수 없는 내용으로 답변이 제시되고 있다. 소재 변경보다 주도적인 본인의 생각이나 행동 중심으로 강조하기를 바란다.

예시 5

"대학교 시절 도시 재생 서포터즈 대외 활동에서 팀워크를 발휘하여 총 10개의 팀 중 최종 평가 2위를 하여 우수상을 수상한 경험이 있습니다. 팀원 모두가 수상이라는 공동의 목표를 위해 각자 잘할 수 있는 역할을 분담하면서 서로 협업하였습니다. 팀에 전공자는 저밖에 없었기 때문에 저는 제가 할 수 있는 GIS 프로그램과 CAD 등을 활용하여 각종 분석에 필요한 전공 역량을 발휘하였습니다. 또한,

학과 수업에서 배웠던 도시 계획의 전반적 프로세스를 적용하여 도시 계획 분야에 익숙하지 않은 팀원들에게 일종의 가이드 라인을 제시하여 다 함께 팀 활동에 참여하여 협업할 수 있도록 이바지하였습니다."

자발적으로 팀 목표 달성을 위해 팀원들의 협력을 이끌어 낼 수 있는 이러한 노력이 팀워크 경험에서 중요하다. 이 부분을 중심으로 답변을 강조하기를 바란다.

"○○공모전을 진행할 때 안전 공학과뿐만 아니라 화학 공학과 학우들과 함께 팀을 구성하여 폭넓은 아이디어를 도출하기 위해 노력했습니다. 팀 내 구성원 중 발표와 PPT 제작이 강점이거나 기술 구현이 강점인 팀원이 있어 적극적인 조력자 역할을 수행하며 올바른 방향으로 의사 결정을 하도록 돕고 기술을 구상할 수 있도록 기술의 근거가 되는 자료를 찾아 정리하였습니다. 자신의 강점을 바탕으로 역할을 분배하고 나니 각자 담당한 부분에만 집중하여 유기적인 내용 교류가 이루어지지 않아 핵심 내용을 취합하여 전체적인 흐름과 나아가야 할 방향을 제시했습니다. 그 결과, 큰 문제없이 도출된 아이디어로부터 기술 구현까지 기간 내에 완성하여 노력 끝에 장려상이라는 좋은 결과를 얻을 수 있었습니다."

앞의 내용을 대폭 줄이고 이 부분에서 자발적으로 이러한 노력을 하기 위해 많은 준비와 희생을 하였고, 실질적으로 팀원들이 어떠한 도움을 받았기에 더욱 적극적으로 팀 활동에 참여할 수 있었다는 점을 부각하는 것이 가장 중요할 것으로 보인다.

예시 7

"공장 견학 보고서 프로젝트 수행 당시 팀워크를 발휘해 최종 결과물 1등이라는 값진 성과를 이루었습니다. 팀원들이 자신들의 역할에 집중해 수행하다 보니 견학 이후 편집 과정에서 어려움을 겪었습니다. 저는 서기의 역할을 맡아 서기 노트 자료를 정리해 팀원들에게 가공해 주었고 팀원들 옆에서 견학 내용을 정리하며 이해를 도왔습니다. 특히 동영상 촬영을 했던 팀원과 편집을 하며 공정 및 제품에 대한 이해를 도우며 PPT에 첨부할 자료를 완성할 수 있었습니다."

» **장점 및 보완점**

키워드(팀워크)와 경험 성과 요약(공장 견학 보고서 프로젝트 최종 1등)은 잘 제시되고 있지만 본인의 노하우를 좀 더 반영하는 것이 좋겠다. 자발적으로 본인 역할 외의 업무를 맡았고, 희생적인 노력을 통해 팀원들이 자기 역할을 더 잘할 수 있도록 노력했다는 점을 부각하기를 바란다.

2) 주제 2 나만의 강점

"본인의 강점은 무엇인지 말해 보세요."

강점에 대해 답변할 시에는 가급적 대표 경험 중 소통 난이도가 어려웠던 특정 사건에서의 노력과 성과를 좀 더 부각하는 것이 좋다. 단, 이 경우에도 강점으로 가능하지만 명확한 성과가 있어야 한다.

또한, 본인 스스로 자신의 강점에 대해 정리를 못하는 부분이라면, 아무리 주변에서 그 부분을 강점이라고 하더라도 강조를 안 하는 것이 도리어 좋다. 아울러 강점은 업무적인 스킬만을 말하는 것이 아니며, 스트레스를 견디는 능력 역시 강점으로 활용이 가능하다. 왜냐하면 직무에 따라서 세심함, 인내심, 끈기, 우수한 체력 등 성격이나 신체적 능력과 관련된 부분도 직접적으로 필요한 강점일 수 있기 때문이다.

다만, 모든 강점을 제시할 때 갈등 해결 과정에서의 본인의 자발적인 기여와 희생, 노력 등을 부각하면 금상첨화다.

"저의 강점은 상대방의 의견을 파악한 것을 기반으로 하는 소통입니다. 저에게 소통이란 상대방의 입장을 먼저 듣는 것이 우선입니

다. 제 의견을 먼저 제시하는 것이 아니라 상대방이 어떻게 생각하는지 계속 질문을 한 후에 이를 기반으로 제 입장을 정리하여 제 의견을 제시합니다. 그래야 서로의 관점을 이해 못해 자신의 주장만 내세우게 되는 불필요한 소통 단계를 줄이고 서로의 시너지 효과를 낼 수 있는 방법을 더 고민할 수 있게 됩니다."

» 장점 및 보완점

이처럼 강점 발휘를 통해 얻을 수 있었던 객관적인 성과가 무엇인지 강조하는 것이 좋다.

"제 강점은 상대방의 입장에서 생각하며 대화를 이끄는 소통 능력입니다. 대외 활동 당시 공연 연습에 불참이 잦은 팀원과의 갈등이 있었을 때, 먼저 팀원에게 있을 문제에 대해 생각해 보고 이를 공감하는 표현으로 대화를 이끌었습니다. 잘못을 나무라기보다 팀원의 입장에서 생각해 대화를 이끌었기에 이후 대안을 제시함으로써 연습에 완벽히 참여하도록 해 공연 1등의 성과를 낼 수 있었습니다."

» 장점 및 보완점

단지 제안을 제시하는 것에 그치지 말고, 장점 발휘를 통해 어떤 시너지를 도출하여 그 결과 공연에서 우승을 달성할 수 있었는지 언급하는 것이 좋다.

"저의 강점은 의사소통 능력입니다. 저는 타인과 소통할 때 동어 반복으로 상대방의 말을 경청하고, 제 말을 이해했는지 확인하여 명확한 전달을 하고 있습니다. 이러한 방법으로 CGV 아르바이트 당시 긍정왕, 소통왕이라는 배지를 받아 유니폼에 자랑스럽게 배지를 달고 근무하였습니다."

» 장점 및 보완점

차별화된 강점으로서 의사소통 능력을 가지고 있으며, 그 능력을 어떻게 발휘했는지를 잘 반영하고 있다.

"저의 강점은 소통 역량입니다. 특히, 설득에 강점이 있으며 상대방이 신뢰하는 정보에서 근거를 제시하는 전략을 가지고 있습니다. ○○손해보험 공시 업무 담당 인턴 근무 당시, 이 전략으로 이미 공시된 자료의 오류를 발견한 후 팀장님이 신뢰하는 상장사의 공시 자료를 근거로 당사의 오류를 수정한 경험이 있습니다."

» 장점 및 보완점

사례로 든 부분은 적절하지만, 성과를 좀 더 구체적으로 부각하는 것이 좋겠다.

의사소통 능력의 중요성

의사소통 능력의 중요성

✔ 모든 직무에서 **협업과 문제 해결의 기본 역량**
✔ 면접에서는 지원자의 **명확한 표현력**과 **상대방과의 소통 능력**을 평가
✔ 의사소통 능력은 단순히 말하는 능력이 아니라 듣고, 이해하고, **효과적으로 표현**하는 종합 스킬

면접에서 효과적인 대화 스킬 향상법

✔ **경청하기**: 적절히 고개 **끄덕임**, **공감** 표현
✔ **명확하고 간결한 표현**: 핵심을 놓치지 않고 **짧고 명확하게 말하기**
✔ 제스처, 시선 처리로 **신뢰감과 진정성** 전달: 상대방과의 **눈맞춤**으로 집중력과 관심 표현
✔ 질문과 확인: 대화 중 **모호한 부분**이 있을 때 적극적으로
✔ 비판보다 건설적이고 **긍정적인 표현** 사용

의사소통 능력 답변 사례

질문

✔ 팀원들이 각기 다른 의견을 제시했을 때, 이를 조율해 본 경험이 있나요?

평가 의도

✔ 상황을 명확히 설명하고, 의견을 수렴하여 조율하는 능력 확인

✔ 학과 팀 프로젝트 중 두 명의 팀원이 발표 방식에 대해 다른 의견을 냈습니다.
저는 각자의 주장을 경청하며 장단점을 비교했고, 가장 효율적인 방안을 함께 논의하여 팀 모두가 동의하는 방향으로 발표를 준비했습니다. 결과적으로 모두가 만족할 수 있는 발표를 성공적으로 마칠 수 있었습니다.

예시 5

"남다른 문제 해결 능력이 저의 강점이며, 특히 카페 아르바이트 당시 앱 평점 12%를 상승시켰습니다. 이러한 성과는 구성원으로서 주인의식을 가지고 문제의 원인을 분석하고 남들이 생각지 못한 분야의 경험을 적용한 효과적인 대안을 제시했기에 가능할 수 있었습니다. 입사 후에도 원료부터 완제품의 품질 시험 과정에서 발생하는 기준 일탈을 문제 해결 능력을 발휘해 고객에게 건강을 선물하는 우수한 품질의 의약품 개발에 이바지하고 싶습니다."

》 장점 및 보완점

자신만이 가지고 있는 문제 해결 능력에 대한 노하우가 잘 반영되고 있다.

"제 강점은 상대방의 입장에 깊이 공감하여 의사소통을 하는 것입니다. 놀이공원에서 근무할 때, 제 강점을 발휘하여 손님과 의사소통을 진행하였고, 이를 통해 손님들의 불만 사항, 요구 사항들을 문제없이 처리할 수 있었습니다. 이렇게 의사소통을 한 결과 저는 손님의 칭찬 피드백을 가장 많이 받은 아르바이트생에게 주어지는 훈장을 받을 수 있었고, 놀이공원의 고객 응대 교육 자료에 제 사례가 쓰이기도 하였습니다."

◎ 장점 및 보완점

성과 표현에 대한 부분이 아주 잘 작성되었다.

"제 강점은 탁월한 문제 해결력입니다. 온라인 유통 회사에서 근무할 당시 데이터 분석을 바탕으로 정확한 원인을 찾아 문제를 해결하여 배송 지연 건수를 10% 이하로 줄인 경험이 있습니다. 모두가 배송 지연의 문제를 허브에서 지연된 것으로 생각할 때, 데이터의 배송 흐름을 모두 분석해 허브가 아닌 집화 처리에 원인이 있음을 정확히 분석함으로써 배송 지연의 문제를 해결할 수 있었습니다."

◎ 장점 및 보완점

배송 흐름 분석 과정에서 본인만의 방법을 더 구체적으로 강조하면 좋겠다.

"차별화된 문제 해결 능력이 저의 강점이며, 특히 과 대표를 맡았을 때 문제 해결력을 발휘하여 낮았던 동기들의 학과 행사 참여율을 2배 끌어 올린 경험이 있습니다. 이러한 성과는 문제의 근본적인 원인을 찾고자 하는 비판적 사고를 했기에 가능할 수 있었습니다. 입사 후에도 Food Sales 직무에서 문제 해결력을 발휘하여 바이어 상담 및 영업에 성공하고 조직의 매출 목표 달성에 기여하겠습니다."

》 장점 및 보완점

다소 평이한 지표 수준의 방법으로 비쳐질 수 있다. 조금 더 경험에 대한 내용을 전문화, 구체화시켜 보완하면 좋겠다. 비판적 사고에 대한 본인만의 노하우 등이 반영되면 금상첨화일 것이다.

"저의 강점은 꾸준한 자기 개발과 부족한 부분이 무엇인지 알고 꾸준히 노력하는 점입니다. 통계직에 필요한 역량은 통계와 부동산 지식, 이 두 가지라고 생각했습니다. 먼저 통계 지식의 경우 8개의 전문 자격증과 통계 전공으로 졸업 후에도 통계 교육원에서 표본 조사, GIS와 관련된 수업을 수강하면서 꾸준히 쌓아 오고 있습니다. 부동산 지식의 경우 매주 2번씩 신문 스크랩을 하고 있고, 공인 중개사 자격증을 준비하고 있습니다. 앞으로 복잡해지고 다양화되는 부동산 시장 그리고 AI, 빅데이터 등 4차 신기술이 계속 생겨나고 있는 와중에 계속 자기 개발을 통해서 공부하려는 노력은 ○○부동산원 통계 직무에 적합하다고 생각합니다.”

》 장점 및 보완점

강점인 자기 개발 중심으로 포커스가 잘 맞추어져 있다.

자기 개발 능력 답변 사례

질문

✔ 직무 역량 강화를 위해 최근에 어떤 노력을 하셨나요?

평가 의도

✔ 자기 주도적으로 학습하고 성장하려는 의지와 실행력 확인

우수 답변 예시

✔ 데이터 분석 역량을 강화하기 위해 온라인 강의를 수강하며 Python을 학습했습니다.
이후, 교내 연구 프로젝트에서 이를 활용하여 데이터 시각화를 구현하며 실질적인 성과를 냈습니다.

"제가 지닌 최대 강점은 조직 이해 능력입니다. 조직 이해 능력이란 조직의 목표를 인지하고, 그 안에서 나의 역할을 찾아 수행하는 것으로 생각합니다. ○○인터내셔널에서 자사 몰 주문 건 입출고 관리 담당 시 이를 발휘해 팀장님에게 '일할 자세가 되어 있다'라는 칭찬을 받았습니다. 업무의 흐름을 고려해 미리 비품을 준비하고 보고 양식을 만들었습니다. 또한, 다른 중요한 업무에 더 많은 시간을 투자했습니다. 아르바이트 신분이었지만 저의 업무 수행에 따라 상품 배송 기간이 달라질 수 있기에 더욱 책임감을 가지고, 할 수 있는 역할을 최고로 수행하고자 했습니다."

≫ 장점 및 보완점

강조하고자 하는 것이 조직 이해 능력인지 아니면 책임감인지 본인 스스로 명확하게 정하는 것이 좋겠다. 다만, 본문의 내용 자체는 아주 적절하고 좋다.

3) 주제 3 지원 동기

핵심 문항

"우리 회사를 선택한 이유는 무엇인가요?"

핵심 노트

면접관들은 지원자의 지원 동기를 통해 회사에 대한 지원자의 로열티를 집중적으로 평가하게 된다. 로열티란 회사 비전 공감, 사업 이해를 바탕으로 지원 직군 및 직무 수행을 통해 회사 비전 달성에 기여하고자 하는 의지를 의미한다.

따라서 단순히 "일을 하고 싶다"라고 이야기하는 것이 아니라 면접 관으로 하여금 "일을 하고 싶어 하는구나"를 느끼게 할 수 있어야 하는 부분이 관건이다. 그러므로 해당 기업과 직무를 선택한 명확한 기준 및 입사 후 기업에 기여하고자 하는 명확한 비전(공감), 비전의 구체적 실행 방안 등을 제시할 수 있어야 한다.

이 과정에서 상식적인 기업 선택 기준과 해당 기준에 부합하는 지원 기업 사례(기업에 대한 충분한 이해)를 반영할 수 있다면 감점 없는 답변 완성이 가능하므로 "특별함"을 보여 주어야 한다는 부담감은 내려놓자! 물론, 특별한 논리가 없다고 하더라도 지원 기업 비전에 공감하고 사업을 이해하기 위해서 다양한 노력을 했다는 점은 당연히 반영할 수 있어야 한다.

핵심 답변

예시 1

"저는 미래 세대를 위한 환경 보전에 기여하는 삶을 꿈꾸고 있기에, 청정 기술을 활용한 모빌리티 구현으로 지속 가능한 미래를 만들고자 하는 ○○○의 도전에 함께하고자 지원했습니다. 특히 환경 기획은 친환경적 가치를 고려한 조직의 성장을 위하여 올바른 방향성을 제시한다는 측면에서, 공동의 목표를 위해 제가 더욱 몰입할 수 있는 직무라 확신했습니다. 끈기 있게 도전하며 쌓아 온 직무 열정을 발휘하며 매립 제로와 자원 순환 목표 달성에 기여하는 ○○○인이 되겠습니다."

》 장점 및 보완점

본인의 비전과 기업의 비전이 잘 부합하고 있으며, 관련 사례에 대해 간결하게 잘 제시하고 있다. 또한, 조직 성장을 위한 직무 목표를 감안한 논리도 잘 전개되고 있다.

예시 2

"저는 이해한 것을 재확인하고 수혜자의 눈높이에서 소통하는 자세로 함께하고자 지원했습니다. 무엇보다 ○○○공사의 3개년 신년사, 사외보를 통해 차별화된 고객 서비스를 제공하고자 하는 공사 비전에 공감했습니다. 특히, 요금 조정 업무는 고객 만족과 소통에 직결되는 업무라고 생각합니다. 과거 초밥 가게 아르바이트를 통해 고객 소통에서 보조 자료의 활용과 고객 입장에서 생각하는 자세의 중요성을 깨달았습니다. 이 경험을 바탕으로 정보 전달 오류를 방지하며 정확한 고압 요금 정산, 수금, 미발행 처리 업무 등을 수행하는 데 힘쓰겠습니다."

》 장점 및 보완점

가급적 지원 기업의 목표를 제시하여 로열티를 보다 강조해 주는 것이 좋겠다. 아울러 기업의 비전에 대한 공감도 및 기여 의지에 대한 언급은 아주 좋다.

"○○기업은 제가 진취적으로 일을 할 수 있는 기업이라 생각합니다. 그 이유는 세계 최고 수준의 기술, 서비스를 제공하여 고객, 사회에 환원한다는 비전에 공감할 뿐만 아니라, ○○기업의 성장과 발전이 반도체 산업에서 핵심 테크놀로지가 될 수 있다는 자부심과 성취감을 느낄 수 있다고 생각하기 때문입니다. 그렇기에 ○○이 반도체 업계에서 명실상부한 글로벌 리더가 될 수 있도록, ○○ 직무에서 패키지 패러다임의 변화에 대응한 차별화된 솔루션 개발에 기여하며 기업과 사회의 발전을 동시에 이루고 싶습니다."

》 장점 및 보완점

해당 기업 및 직무에 대한 동기가 잘 드러나 있다. 다만, 문장이 길어지는 점은 주의하기를 바란다.

"○○공항공사는 한국을 대표하는 공기업이라는 점에서 제가 더욱 주인의식을 발휘할 수 있는 기업이라 생각하여 지원하였습니다. ○○ 공항이 글로벌 공항 운영사로서의 입지를 다지고자 하는 비전

에 공감할 뿐 아니라, ○○ 공항의 발전이 곧 국가 경쟁력으로 직결
되기에 그만큼 중요한 역할을 수행하고 있다고 생각합니다. 그렇기
에 공사 인턴 경험을 통해 배운 해외 사업 관련 기초 지식을 발휘하
여, ○○ 공항이 2030년까지 해외 운영 공항을 10개 이상 확대하는
목표에 기여함으로써 ○○ 공항의 위상뿐 아니라 국가 경쟁력 또한
제고하고 싶습니다."

회사 목표 등을 고려한 비전 부분은 적절하다. 그러나 아래 강조한
○○ 공항 발전이 곧 국가 경쟁력으로 직결되는 이유를 포함해서 강
조해 주는 것이 더 좋겠다.

"현장에서 파악한 ○○디스플레이의 OLED 기술력을 바탕으로
OLED 대세화에 이바지하기 위해 지원하였습니다. 저는 10여 곳의
가전제품 판매장을 방문하고, 디스플레이 산업 전시회 및 테크 포
럼에 참여하며 ○○디스플레이의 OLED 기술력에 울림을 받았습니
다. 특히, 현장 조사를 하며 경쟁사 대비 ○○디스플레이의 특장점인
○○을 한 번 더 확인할 수 있었습니다. 이를 바탕으로 ○○디스플레
이의 영업 사원으로서 OLED만의 가치를 고객사에 제안하며 OLED
대세화를 실현하기 위해 지원하게 되었습니다. 감사합니다."

발로 뛰는 노력을 통한 회사 이해는 좋다. 다만, 울림을 받아서 지원한 것도 좋지만 "개선점을 발견하여 회사가 더 발전할 수 있도록 기여하기 위해 지원했다"라는 적극적 논리를 고려하는 것도 좋겠다.

"C홈쇼핑의 온리 원 제품 창조라는 미션에 기여하는 MD가 되고자 지원했습니다. 최초 PB 전용 라이브 방송, 모바일 타깃 브랜드 론칭으로 산업을 리딩하는 C홈쇼핑에서 제 역량을 발휘할 수 있을 것이라고 생각합니다. 특히, 저는 L홈쇼핑 대외 활동과 상품 제안 과제 우수상, 1,000개 이상의 패션 유통 관련 기사를 읽으며 지식을 쌓았습니다. 이처럼 직접 상품 판매 활동을 통해 협력 업체와 소통하며 QC, SCM, CS 등과 협력이 많은 홈쇼핑 MD를 간접 경험할 수 있었습니다."

회사 발전에 기여하고자 지원한 논리는 아주 좋다. 그러나 직무 특징 고려 시 미션이라는 추상적 개념보다는 사업적 목표 등을 중심으로 강조하는 것을 더욱 추천한다.

"○○대학교 병원은 꾸준히 권역 응급 의료 기관 평가 A등급을 받아 서울 지역 1위를 차지할 만큼 중증 응급 질환에 강한 병원입니다. 상급 종합 병원에는 생명이 위급한 환자가 많이 오는 만큼 응급 의료 서비스는 가장 중요한 요소라고 생각합니다. 비즈니스 모델 경진 대회에서 산업 분석과 설문 조사 시행을 하여 비즈니스 모델을 설계해 수상한 경험이 있습니다. 이를 바탕으로 ○○대학교 병원의 자랑인 응급 의료 서비스 현황을 분석하고 보완하는 과정을 통해 계속해서 응급 의료 서비스의 우수한 품질을 유지시키고 발전시켜 나가고 싶습니다."

≫ 장점 및 보완점

본인이 회사나 병원을 선택하는 기준이 무엇인지를 간략하게만 추가해 주면 좋겠다. 전반적인 답변 내용은 아주 좋다.

"저는 유망한 기업에 금융 지원을 통한 기업의 혁신 성장 견인에 가치를 두고 있기에 지원하게 되었습니다. 특히, 기업 신용 분석 업무는 성장성 있는 기업을 가려내는 데 큰 역할을 합니다. 해당 업무 관련 역량을 기르기 위해 첫째, 재무 관리 및 회계 전공 강의를 통해 기초 지식을 쌓았습니다. 둘째, 매일 영어로 된 해외 경제 뉴스를 접하며 세계 경제 동향을 파악하여 객관적 분석력을 기르고자 노력하고 있습니다. 이를 토대로 기업 성장 지원에 기여하고 싶습니다."

》 장점 및 보완점

전체적인 답변 내용은 무난하다. 아울러 논리성 역시 매우 우수하다. 다만, 세부적인 지원 기업의 사업 목표만 보완하면 좋겠다.

예시 9

"제가 ○○에 지원한 이유는 직접 주인의식을 갖고 정비 업무를 통해 실무 능력을 키우고 싶기 때문입니다. 발전소 인턴을 하면서 변압기나 발전기를 구경했는데 처음 보다 보니 웅장하고 신기한 느낌이었지만, 내부가 어떻게 생겼고 배웠던 이론이 어떻게 적용되는지에 대한 궁금증은 해소할 수 없었습니다. 하지만 ○○에서 일하게 된다면 직접 설비를 다루면서 더 구체적으로 실무를 배울 수 있을 것이고, 이를 통해 이론에만 그쳤던 학습을 실무와 조화해서 완전하게 전문성을 키워 갈 수 있겠다라는 생각에 지원하였습니다."

》 장점 및 보완점

본인이 성장하기 위해서만 기업에 지원했다는 점은 지양하는 것이 좋다. 어느 때나 내가 기업에 어떤 기여를 하기 위해 지원한 것인지를 답변하는 자리가 바로 면접임을 잊지 말길 바란다.

4) 주제 4 입사 후 포부(비전)

"입사 후에는 무엇을 하고 싶은가요?"

면접에서 말하는 비전(vision)과 포부란 입사 후 어떠한 아이디어와 마인드를 가지고 직무 목표를 달성하여 최종적으로 기업의 목표에 부합하는 성과를 창출하겠다는 의지의 표현을 말한다. 보통 입사 후 하고 싶은 역할은 단기 비전, 최종적으로 얻고 싶은 자신만의 목표나 포부 등은 장기 비전을 뜻하는데, 이를 통해 지원자의 기업에 대한 로열티 평가가 가능하다. 단기 비전은 면접을 준비함에 있어서 가장 먼저 고려해야 하는 중요한 뼈대이며 산업, 기업, 직무 분석을 통해 반드시 도출해야 하는 면접의 핵심 콘텐츠라 하겠다. 자신이 강조해야 하는 역량, 인성, 로열티는 결국 비전을 기준으로 판단한다는 것을 잊지 마시길.

"입사 후 저는 징수부에서 일하고 싶습니다. 물론 보험 급여, 장기요양부도 중요하겠지만, 징수부에서 저의 고객의 성향에 맞게 달리하는 소통법과 포기하지 않는 끈기를 발휘하고 싶습니다. 이러한 능력을 발휘해 체납자를 설득하고, 독려하여 건강보험 징수율 99.7%라는 목표에 동참하고 싶습니다. 그 이유는 튼튼한 재정이 기반이 돼야 보험 급여, 노인 장기 요양부 등에서 원활한 복지와 서비스를 제공할 수 있기 때문입니다. 국민 건강을 위하여 건전한 보험 재정을 확보할 수 있도록 노력하겠습니다."

❯❯ 장점 및 보완점

전반적으로 질문의 의도에 맞는 적절한 답변을 하고 있다. 다만, 좀 더 '기업 목표를 고려한 결과 ○○ 직무를 해 보고자 한다'라는 자신감 있는 뉘앙스를 반영하면 더 좋겠다.

예시 2

"제가 해 보고 싶은 일은 해외 원전 사업처에서 국내 원자력 기술이 더 많은 고객들을 접할 수 있게 하는 시장 분석입니다. 원전 건설이 정부 주도의 사업이다 보니 한국 정부와 우호적인 국가와 비우호적인 국가를 나눠 분석해야 합니다. 왜냐하면 체코 원전 수주에서도 체코와 러시아의 안보 문제 때문에 유력한 후보였던 러시아가 떨어지는 것으로 보아 단순히 기술력 좋은 것이 다가 아닙니다. 따라서 해외 원전 산업을 더 많이 수주하려면 이런 세밀한 부분까지 파악해 더 많이 입찰을 따낼 수 있도록 기여하고 싶습니다."

» 장점 및 보완점

조금 더 아이디어를 구체화하면 좋겠다. ~한 노력을 기울이겠다는 부분은 잘 답변되어 있으나 그것에 대한 근거는 좀 더 보완이 필요하다.

"제게 기회가 주어진다면 채용 절차에 기여해 보고 싶습니다. 특히, 조직 및 직무 적합성이 높은 인재를 찾아낼 수 있는 역량을 키워 훗날 고객 만족을 통한 조직의 성장이라는 목표를 달성하는 데에 기여하고 싶습니다. 그 이유는, 레저 생활의 고급화에 따라 점점 종합 리조트 사업으로 확대되며 다양한 인적 수요를 충족하기 위해 리크루터 역할이 회사에 필요하다고 생각했기 때문입니다."

» 장점 및 보완점

좀 더 지원 기업의 세부적 사업 목표 등을 언급하면서 로열티 요소에 대한 부분을 강조, 강화한 답변을 하는 것이 좋겠다.

"기회가 주어진다면 자율 주행, 5G 분야의 제품 기술 개발을 해 보고 싶습니다. 그 이유는 ○○기업이 글로벌 시장에서 점유율을 높이기 위해선 현재 ○○기업의 강점인 AP 패키징 기술뿐만 아니라, 전자 및 통신 분야의 첨단 산업에서도 첨단 패키징 기술을 확보할 필요가

있다고 생각했기 때문입니다.”

≫ 장점 및 보완점

지원자가 언급한 기술 개발 부분에 대해 구체적으로 어떻게 할 것인지에 대한 태도 정도만 보완하면 아주 좋겠다.

예시 5

“기회가 주어진다면 방충, 방서 관리를 담당해 보고 싶습니다. 품질 유지를 위해 미생물, 이화학 검사나 각종 서류 관리 업무도 중요하겠지만 방충과 방서 관리를 통해 ‘zero defect’ 실현에 기여하고 싶습니다. 저는 사실 벌레와 쥐를 소름 끼치도록 싫어합니다. 하지만 고객이 안심하고 먹을 수 있는 제품을 제공하기 위한 ○○기업의 품질 이념을 실현하기 위해서는 무엇보다 방충 및 방서 관리가 우선적으로 중요하고, 개인적으로 이 일을 해냄으로써 품질 관리자로서 한층 더 성장할 수 있을 것이라 확신하기 때문에 해당 업무를 담당하고 싶습니다. 언제나 고객의 안전이 최우선이라는 마인드로 어떠한 업무라도 최선을 다해 수행하겠습니다.”

≫ 장점 및 보완점

조직 관점으로 강조한 점이 아주 돋보인다.

"소매점, 특히 대형 마트에서 직접적인 매출 향상이 이루어질 수 있도록 판매 계획과 프로모션 계획을 짜고 그것을 현장에서 실행하는 역할을 하고 싶습니다. 제가 그러한 계획을 직접 수립하고 실행하고, 또 눈앞에서 그 성과를 본다면 굉장한 뿌듯함을 느낄 수 있을 것이고, 회사의 매출 향상에도 이바지했다는 점에서 성취감을 느낄 수 있다고 생각합니다. 이를 위해 현장에서의 기본기부터 매출 향상 노하우까지 빠르게 습득하고 적용할 수 있도록 많이 배우고 선배 사원분들께 질문도 많이 하겠습니다."

» 장점 및 보완점

주제에 맞는 아주 적절한 답변이다. 다만, 매출 수치 등 지원 기업만을 위한 로열티 요소를 간략히 반영하면 더 좋겠다.

"전기 설비 기술 검토와 공사 관리 업무를 하고 싶습니다. ○○은행은 디지털 전환 시대로 인해 신기술과 인프라 확장이 가속화될 것입니다. 이에 저의 전력 설비에 대한 기본기와 원칙 준수 가치관으로 오차 없는 기술 검토와 공사 관리 업무로 디지털 선도 은행 구현이라는 목표에 기여하고 싶습니다."

≫ 장점 및 보완점

선도 은행 구현에 기여하고자 역할을 제시한 점은 좋다. 다만, 이러한 목표를 이루기 위해서 본인이 강조한 역할이 더 중요하다라고 하는 논리 부분에서는 조금 더 보완이 필요하다.

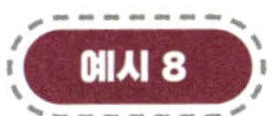

"무엇보다 제조 지시서 검토입니다. 품목이 다양하기 때문에 하루에도 검토해야 할 기록서가 많으며 관리 기준에 맞게 작성되었는지 꼼꼼하게 확인해야 하기에 부담감 등 어려움이 예상됩니다. 하지만 문서 검토는 QA 업무의 기본이며 이 과정에서 생산 현장 업무에 대해 체계적으로 배울 수 있다고 생각합니다. 또한, 유관 부서의 업무 프로세스에 대해 속속들이 알고 있어야 내부 감사 및 실사 대응이 가능하므로 이를 기회라 생각하여 맡은 바 업무에 책임을 다하겠습니다."

≫ 장점 및 보완점

주제에 맞는 적절한 답변이다. 다만, 가급적 지원 기업에 본인이 희망하는 직무가 아주 중요하다는 논리를 우선적으로 고려하면 좋겠다.

"신뢰의 세상을 만든다는 ○○카드의 비전을 달성할 수 있도록 데이터 분석 직무에서 설명력에 중점을 둔 모델링을 통해 빅데이터 마케팅 고도화를 이루는 것이 저의 목표입니다. 그 이유는 다양한 고객 니즈를 하나하나 맞추어 가는 업무 수행을 통해 저의 역량 발전뿐 아니라 속한 조직과 분석을 요청하는 모든 조직에 도움이 되어 더 큰 만족감을 얻는 것이 목표라고 생각하기 때문입니다. 여러 어려움이 있겠지만 단계적 계획에 따라 목표를 달성하고 싶습니다."

≫ 장점 및 보완점

지원 기업 비전 달성을 위한 역할(아이디어) 제시 부분이 아주 좋다.

예시 10

"타깃 디스커버리 직무에서 호중구를 중점으로 신약에 대한 타깃을 제시해 보고 싶습니다. T cell과 DC를 타깃으로 암과 자가 면역 질환이 활발히 연구되고 있지만, 호중구의 특성인 NETosis와 adaptive immunity 염증 반응 조절 등을 연구하여 다양한 질병의 예방, 치료제 타깃 후보를 도출하고 싶습니다. 신약 연구 센터의 목표인 혁신적인 신약 창출을 위해서 호중구와 호중구 선구 세포의 질병 매개 가능성 연구가 중요하다고 생각하기 때문입니다."

조직 목표를 고려한 역할(아이디어) 제시가 아주 좋다.

"제게 기회가 주어진다면 프로모션 기획을 해 보고 싶습니다. 제품을 기획하고, 매출과 손익을 분석하는 업무도 중요하겠지만 프로모션 기획에서 트렌드 반영과 데이터를 반영하며 고객 설득을 통한 수익 확대를 달성해 보고 싶습니다. 그 이유는, 신제품이 쏟아지는 가운데 특히 고객 참여를 이끌어 내는 프로모션이 판매로 직접적으로 이어질 수 있다고 생각하기 때문입니다."

직무 목표를 고려한 부분이 돋보인다. 추가적으로 조직 목표 또한 고려한 모습을 강조하면 더 좋겠다.

"선단 공정 로직 제품을 담당하는 ○○○팀에서 양산 제품 공정을 튜닝하여 고객이 원하는 제품 특성과 수율을 확보하는 일을 담당해 보고 싶습니다. ○○ 직무에서 가장 중요한 업무가 ○○전자 파운드리가 갖춘 공정 능력 안에서 최고의 특성을 내는 모듈 스펙을 정립하는 일이라고 생각합니다. 이렇게 최고의 모듈 스펙을 결정하고, 웨이

퍼의 팹인부터 출하까지 안정적인 수율을 확보할 수 있도록 끊임없는 전공 지식에 대한 습득을 기반으로 분석력을 발휘하여 해당 역할을 수행하겠습니다."

≫ 장점 및 보완점

지원 기업의 경쟁력 강화를 위해 지원 직무에서 중요한 역할을 수행하고자 하는 친기업 정서를 표현한 부분이 아주 돋보인다.

5) 주제 5 소통 및 친화력

핵심 문항

"갈등 설득 및 소통을 발휘해 성과를 달성한 경험을 말해 보세요."

핵심 노트

갈등 상황에서 소재를 선택할 때는 소통 및 문제 해결을 하기 위해 노력한 소재를 주제 삼는 것이 핵심이다. 이에 대한 대표적인 예시는 다음과 같다.

(1) 역할의 불일치(팀 프로젝트에서 하고 싶거나 하기 싫은 역할로 갈등 발생)

(2) 목표나 목적의 불일치(공모전/대회 등에서 팀원 간 원하는 목표가 상이)

(3) 방법의 불일치(연구 과정에서 접근 방법의 차이로 갈등 발생)

(4) 감정 문제로 인한 갈등 조율 등(이 부분은 난이도가 높기에 사
실 지양하는 것이 좋다. 가급적 감정 갈등 소재는 피하고 다른 소
재를 언급하는 데 주력하자)

(5) 원칙 준수 관련 갈등(고객이 원칙을 위배하는 요구를 하는 상황
에서 갈등 발생 경우)

(6) 이 밖에도 자신과 타인의 갈등 외, A와 B의 갈등을 중재한
소재도 가능하다.

반면, 갈등 상황은 없었지만, 조직이나 개인 목표 달성을 위해서
타인을 설득해야 하는 소재로는 대표적으로 다음의 경우가 있다.

(1) 축제 준비를 위한 동아리 스폰서 확보 과정에서 학교 근처
업체 설득 경험

(2) 새로운 아이디어 적용을 위한 내부 팀원 혹은 외부 관계자
설득 경험

(3) 제품이나 서비스를 고객에게 전달하는 과정에서 설득 경험

갈등 상황이 발생하여 설득과 소통을 발휘해야 할 때는 가장 먼저
그 상황을 직시하고 '인정'해야 한다. 다음으로는 상대의 입장에서
'상대방의 니즈'와 문제의 '쟁점'을 파악해야 한다. 이후 니즈 파악 단
계에서 얻은 갈등 해결 및 설득의 '성과'를 언급하면 된다.

이때 주의할 점은 내용 구성에 있어 지원자 본인의 생각과 행동이

구체적으로 반영되어야 한다는 점이다. 앞서 언급한 대로, 가장 먼저 상대방의 주장이 나와 다를 수 있다는 입장에서 해당 주장을 제기할 수밖에 없는 상황을 실제 니즈가 다를 수 있다는 점을 감안해 파악하는 노력이 필요하다.

특히, 갈등 상황에서 파악할 수 있었던 상대방의 요구 사항 수준과 경험, 환경, 다양한 이해관계 등을 적극 언급하면서 향후 조율(해결) 과정에서 내가 지니고 있는 역량을 발휘한 경험을 제시하면 된다.

이때 주의할 점은 단순히 문제 해결 과정에서 나의 의견을 적용하고, 내가 지니고 있는 능력이나 역량을 발휘해 해결했음을 강조하는 것이 아니라, 반드시 '상대방의 공감과 지지를 이끌어 내었다'라는 것에 주안점을 맞추는 답변을 해야 한다는 점이다.

따라서 구체적인 자료나 사례, 연구 결과 및 지표 등 다양한 근거(예시)에만 의존해 설득하기보다는 상대방의 중요한 사항(정보)을 중심으로 활용하는 것이 핵심이다. 특히, 팀의 목표 달성을 고려하는 모습을 반영하는 것을 잊지 말자.

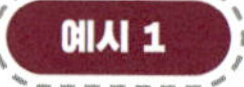

"통계 연구소에서 컨설팅을 진행하며 의뢰자들과 소통한 경험이 있습니다. 의뢰자가 요구한 내용과 내가 이해한 부분이 일치하는지 주기적으로 확인했으며, 분석가로서 당연하게 생각하고 넘길 수 있는 부분들을 놓치지 않기 위해 의뢰자는 물론 주변 동료들에게 결과

물에 대한 적극적인 피드백을 받았습니다. 결과적으로 통계 및 수치에 익숙하지 않은 의뢰자가 쉽게 이해할 수 있도록 해석해 드리고 데이터를 시각화하는 등 끝없는 커뮤니케이션을 통해 의뢰자분께 만족스러운 결과물을 안겨 드릴 수 있었습니다."

상대방과 적극적으로 소통하고자 하는 의지와 상대방을 고려한 소통 행동을 발휘한 점이 아주 좋다.

"저의 치료를 거부한 환자를 설득한 경험이 있습니다. 새로 이직한 병원에서 맡은 환자를 기존 치료사와 제가 한 번씩 돌아가며 치료하기로 했는데 기존 치료사의 치료만 받고 저의 치료를 거부하였습니다. 기존 치료사로부터 현재 치료가 만족스러운 상황에서 새롭게 적응하는 것이 싫다는 이유를 알게 되었습니다. 저는 환자의 마음을 움직이려면 치료에 실질적으로 도움이 되면서 환자와 좋은 관계를 맺어야겠다 생각을 하였고, 환자분의 치료 기구 이용을 적극적으로 돕고 대화하며 적극적으로 다가갔습니다. 또한, 치료 시간에는 기존의 치료를 제 치료 시간에도 적용하며 급작스러운 변화를 느끼지 않도록 노력하였고, 그 후 저와도 라포 형성이 잘 이루어져 좋은 관계를 유지하며 환자에게 치료를 할 수 있었습니다."

상대방을 설득하거나 갈등 해결을 위해 상대방의 니즈와 쟁점을 파악(다만, 기존 치료사로부터 환자에게 행한 치료법이 무엇인지 등 환자의 선호도를 다양한 방법으로 파악한다면 더욱 좋겠다)하고 해결책을 제시한 점이 좋다.

예시 3

"현장 근무자와의 소통을 통해 문제의 원인을 찾고 해결한 경험이 있습니다. 품질 raw data의 원활한 사용을 위해 현장 근무자가 추가로 전산에 raw data를 입력해야 하는 작업이 필요했었습니다. 작업의 목적을 설명드리고 몇 차례 말씀을 드렸지만 좀처럼 이행되지 않아 현장 작업자에게 이유가 무엇인지 여쭈어보았습니다. 들어 보니 data를 입력해야 하는 일이 중복되어 시간이 많이 소요된다는 문제가 있었습니다. 그리하여 과장님께 해당 내용을 설명드렸고 전산 입력 시 붙여 넣기를 이용하여 raw data를 입력할 수 있도록 전산 팀에 프로그램 수정을 요청하였습니다. 이에 현장 작업자가 data를 쉽게 전산에 입력할 수 있게 되었습니다."

》 장점 및 보완점

상대방의 니즈와 문제의 쟁점을 파악하고자 노력한 부분이 돋보인다. 다만, 해당 지표를 한층 부각하기 위해서는 상대방 눈높이나 상황을 고려하여 어떻게 여쭈어보았는지 등 의사소통 중심의 노력이 강조되면 더 좋겠다.

"과거 동료와의 갈등 상황에서 적극적인 대안 제시와 솔직한 의견 전달로 갈등을 해결하고 신뢰를 얻은 경험이 있습니다. 당시 매출 증대와 원칙 준수 사이의 생각 차이로 동료와 갈등이 있었습니다. 이에 저는 매출을 우선시하는 동료에게 원칙을 준수하지 않는 행위는 적절치 않다는 의견을 솔직하게 전달하고, 매출 동향을 분석하여 패키지 상품을 판매하길 제안하였습니다. 이를 통해 동료도 빠르게 잘못을 뉘우쳤고 원칙을 지키는 분위기를 형성하여 조직 내외의 신뢰를 얻을 수 있었습니다."

❯❯ 장점 및 보완점

갈등 해결 및 설득을 위해서 구체적으로 상대방(동료)의 실질적인 니즈 파악(왜 매출을 우선시하는지에 대한 배경 이해)이나 상대방의 어떠한 특징을 고려하였기에 솔직하게 의견을 전달한 것인지 등을 조금 더 반영해 답변하면 아주 좋겠다.

"자기주장이 강했던 선배와 일을 했을 때 진척이 되지 않아 어려움을 겪었던 적이 있습니다. 당시 저는 애플리케이션 기반 설치 정보 분석 시스템 개발 업무를 담당했고, 아침마다 아키텍처의 진행 방향에 대해 회의를 했었는데, 선배의 주장이 강해서 회의를 진행할 때마다 합의점을 찾는 데 어려움을 겪었습니다. 이에 저는 제가 먼저 선배의 의견에 맞추면서 연구를 진행했습니다. 이처럼 먼저 선배의 의견에 맞추어 연구를 진행하는 가운데, 중간중간에 제가 더 낫다고 생각하는 이론을 명확한 백데이터와 사례를 가지고 선배에게 말씀드리자 선배도 조금씩 제 의견에 귀를 기울여 주었고, 그 결과 원활한 소통을 이끌어 내며 공통의 문제를 해결할 수 있었습니다.”

》 장점 및 보완점

사례 중심은 좋다. 그러나 상대방의 니즈 파악 면에서 부족함이 보인다. 객관적 자료 중심 소통은 좋지만, 니즈 파악 등을 좀 더 고려하길 바란다. 상대의 니즈를 파악하려는 노력이 없는 케이스라는 인상을 줄 수 있다.

예시 6

“백화점 알바 당시 정해진 바우처 수량 외에 추가 제공을 원하는 고객이 있었습니다. 저는 냉정하게 바로 안 된다고 하기보다는 고객이 기분 나쁘지 않도록 공감하며 설명할 수 있는 방안을 생각했습니다. 이에 바우처 추가 제공 시 회사에 발생할 문제와 그로 인해 고객에게 오히려 손해가 생길 수 있는 점을 설명했습니다. 또한, 요구 사항을 메모 후 담당자 보고를 약속함으로써 고객의 의견에 맞춰 개선의 의지를 보여 줬고, 고객도 수긍을 하며 문제없이 상황을 마무리할 수 있었습니다.”

》 장점 및 보완점

다소 평이한 노력이지만, 상대의 니즈를 고려하고 명확하고 실질적인 해결책 언급을 통해 충분히 합격 답변을 제시할 수 있었다.

예시 7

"팀 동료와의 의견이 다르다는 것을 파악하고 잘 설득하여 더 나은 성과를 얻은 적이 있습니다. 당시 새로운 방법을 시도하려 하였으나, 도전의 실패를 우려하는 팀원과의 의견 차이가 있었습니다. 실패했을 때의 손해를 우려하고 있다는 것을 대화를 통해 알게 되었으며, 새로운 방법 시도의 기대 효과에 대해 객관적으로 알려 주었습니다. 또한, 실패의 징조가 보일 시 도전을 수정하겠다고 약속하며 팀 동료의 동의를 받을 수 있었습니다. 그 결과, 새로운 방법의 시도로 이전보다 더 나은 모델의 성능을 얻을 수 있었습니다."

》 장점 및 보완점

상대의 니즈를 아주 적절하게 파악하고 있으며, 이를 통해 갈등을 해결하기 위한 적합한 조율(노력) 또한 반영하고 있다. 이점이 아주 우수하다.

예시 8

"식품 품질 관리자 양성 교육 R&D 프로젝트 진행 당시, 타깃 시장에 대한 의견 불일치 상황에서 첫째, 상대방의 말을 중간에 끊지 않는 대화 방식을 활용하며 팀원이 저와 다른 의견을 제시하게 된 배경을 파악하였으며 둘째, 시장 조사 보고서 및 타사 제품 출시 사례 등의 지표를 바탕으로 정리한 각 의견의 장단점을 팀원과 함께 살펴보며 모두가 찬성하는 합의점을 도출했습니다. 이를 통해 팀의 목표를 구체화할 수 있었고 우수상을 수상하는 성과를 얻었습니다."

》 장점 및 보완점

전반적으로 적절한 니즈 파악과 문제 해결을 위한 노력까지 잘 제시되고 있다. 다만, 상대와 어떻게 소통하였는지 등의 노하우가 간략하게 추가되면 더욱 좋겠다.

6) 주제 6 미래 상황

핵심 문항

"입사 후 직무 수행 과정에서 예상되는 어려움은 무엇이고, 이를 어떻게 해결할 것인지 말해 보세요."

핵심 노트

여기서 말하는 미래 상황이란 구체적으로 '직무나 조직 활동과 관련된 미래 상황'을 뜻한다. 따라서 이와 관련된 질문은 직무 수행 과정에서 반복적으로 발생하는 문제이거나, 현직자들이 까다롭게 생각하는 문제 상황이 발생했을 때 지원자가 어떻게 사고하고 행동하는지에 따라 지원자의 직무 이해 및 융통성, 조직 적응력, 문제 해결 능력, 친기업 정서 등을 평가하는 유형이라 할 수 있다.

사실, 위와 같은 상황은 현직자도 당황하고 어려워할 수밖에 없는 상황이다. 이 점을 고려하고, "내가 만약 지원 기업에서 근무하는 직원이라면 어떻게 행동할 것인가"를 큰 기준으로 삼고 대응한다면 충분히 답변이 가능하다. 따라서 베스트 답변을 하려고 애쓰기보다는 감점 없이 답변하는 것을 기본 목표로 임해야 한다.

아울러 답변 시 성급하게 근거 없는 아이디어를 제시하기보다는, 사고력을 발휘하여 문제 상황에서 반드시 해결해야 하는 핵심 문제점을 먼저 파악하는 모습을 강조하는 것이 관건이다. 아래와 같은 방식으로 접근하면 좋다.

(1) 분석적 사고를 발휘하여 상황별 대처해야 하는 방법을 나눠서 접근한다.

(2) 전략적 사고를 발휘하여 질문에 드러난 문제 외에 해당 문제의 배경이나 원인 등을 함께 고민해 상황을 파악한다.

(3) 비판적 사고를 발휘하여 감정을 배제하고 활용이 가능한 팩트 중심으로 문제점을 파악한다.

(4) 문제 해결에 적합한 아이디어라고 하더라도 분명 리스크 혹은 보완점이 있을 수 있다는 전제하에 지속적으로 아이디어를 발전시켜 가며 문제 해결하려는 의지를 강조한다.

(5) 기업의 조직 이익과 핵심 가치, 인재상, 직무 역할, 목표 최우선 등을 반영하는 것이 중요하다. 이때 특정 개인보다는

조직의 장기적이고 지속적인 목표와 이익 등을 중시하는 마인드가 전제되어야 한다. 따라서 법, 규칙, 원칙 등은 조직의 장기적이고 지속적인 이익을 위해 반드시 지켜야 하는 약속이므로(단, 일방적으로 회사 의견 수용하는 모습보다는) 본인의 발전을 위해서라도 회사를 위한 지시 사항을 이행하는 것이 타당하다는 모습을 반영하는 것이 중요하다.

(6) 또한, 아이디어가 기발하지 않더라도 기업 인재상과 핵심 가치를 고려했다는 점을 반영하는 것이 핵심이다.

핵심 답변

"직무 수행 과정에서 많은 고객들을 상대하기 때문에 가끔 고객과의 갈등이 생길 수 있다고 생각합니다. 이를 방지하기 위해 지난 고객 문의와 해결 방법을 분석하고, 정리하여 저만의 답변 리스트를 만들겠습니다. 더불어, 이를 적극적으로 활용하여 고객 문의에 빠르고 완성도 높은 답변을 내놓는다면 고객과의 갈등을 최소화할 수 있다고 생각합니다."

》 장점 및 보완점

자주 발생하는 갈등이 구체적으로 어떠한 것이 있는지를 고민해 보고, 해당 갈등을 해결할 수 있는 아이디어 등도 미리 답변을 해 보는 것을 추천한다.

"데이터 처리에 어려움이 있을 것이라고 생각합니다. 예전보다 데이터 양이 증가하고 형식이 다양해졌기 때문에 이러한 데이터를 처리하는 데 있어 참고할 만한 사례도 없고, 양이 증가해서 처리하는 데 시간이 오래 걸릴 거 같아 데이터 처리에 큰 어려움이 있을 거 같습니다. 이에 데이터 처리에 앞서 데이터를 이해하려는 노력을 하고, 책임감을 가지는 태도로 임하겠습니다."

» 장점 및 보완점

어려운 부분은 상대적으로 더 줄이고, 뒤에 어떻게 해결할 것인지에 대한 부분 중심으로 강조하는 것이 관건이다. 아울러 보다 확신을 가지고 답변하는 것이 좋겠다.

"예산이나 현실과 타협할 수 있는 부분에 대해 연구 개발자로서 어려움이 있을 것이라고 예상합니다. 하지만 주어진 상황에 타협하지 않고 최선의 대안을 생각해 가는 것도 연구 개발자의 업무 중 하나라고 생각합니다. 저는 신제품 개발론 수강 중 한정된 예산을 가지고 제품을 개발해야 하는 과정에서 제3의 아이디어를 제시하여 완성도 있는 제품을 제작할 수 있었고, 그 결과 A+라는 좋은 성적을 받을 수 있었습니다."

≫ 장점 및 보완점

본인의 경험보다는 가급적 지원 기업의 직무적인 특징을 감안하여 어떻게 최선의 대안을 찾아낼 것인지에 대한 아이디어나 계획 등을 강조하는 것을 추천한다.

예시 4

"생산 부서와 품질 부서는 생산성 향상, 높은 품질 수준의 유지로 이해관계가 상충되므로 서로 견제하는 부서로 특히 내부 심사를 실시하는 품질 보증 팀에서 갈등 상황에 노출될 경우가 많습니다. 이때 공동의 목표를 강조하는 커뮤니케이션을 통해 내부 심사의 필요성을 설명하고 잘 관리되고 있는 부분을 한 번 더 언급한 후 지적을 함으로써 감정이 상하는 상황을 최소화하여 적극적인 업무 협조를 이끌어 내겠습니다."

≫ 장점 및 보완점

직무 특징을 고려하여 이와 같이 어려운 부분을 구체화한 부분이 아주 돋보인다.

"이를 위해서 현지 방문 및 에이전시와 협력하여 과거 수주 이력, 전력 송신량, 기후적인 특징 등 객관적인 정보를 수집하겠습니다. 이후 고객사의 관점에서 수집한 정보를 비교하여 잠재된 의사 결정 요소를 도출하고, 개발팀과 협력하여 솔루션을 모색하겠습니다."

≫ 장점 및 보완점

니즈 파악 및 해결의 아이디어를 제시한 점이 아주 좋다.

"건축 시공 직무를 수행할 때, 현장의 많은 작업자분들과 협력 업체의 다양한 입장 차이를 관리하는 것에 어려움이 예상됩니다. 이를 해결하기 위해 건설 현장의 예산과 공기가 늘어나지 않게 하는 방향으로 입장 차이를 줄여 나가도록 노력하겠습니다. 상대방의 요구 사항이 무엇인지 정확히 이해하여 최대한 반영해서 서로가 만족할 수 있는 현장이 될 수 있도록 해결하겠습니다."

≫ 장점 및 보완점

기업 관점에서 직무 목표를 고려한 해결 방향 제시와 원인 파악 등 다양한 노력을 제시한 점이 돋보인다. 다만, 입장의 차이를 관리하기 어려운 부분을 지원 기업(직무)을 고려하여 강조하면 더 좋겠다. 이와 관련된 추가 질문이 나올 수도 있다.

"바디 시스템 설계에서 자율 주행 시대에 시트가 스위블 시트와 BIS로 변화함에 따라 에어백과 시트벨트는 안전 성능 충족에 어려움을 겪고 있습니다. 문제를 해결하기 위해 기존의 기계적 센서를 제거하고 전자적 작동인 'pre active seat belt'를 활용하고자 합니다."

» 장점 및 보완점

해당 기업에게 상기의 안전 문제가 더 중요한 이유 등이 무엇인지를 반영하면 더 좋겠다.

"고객사에서 무리한 요청을 하는 것이 곤란할 수 있을 것 같습니다. 예를 들어, 장비에 문제 발생 시 트러블 슈팅을 위해 고객사에 방문하였는데 담당자가 부품에 문제가 없는데 교체해 달라고 한다면 담당자와 설득을 하며 커뮤니케이션을 하겠습니다. 또한, on-call을 통한 즉각적인 대응으로 설치된 장비의 주기적인 maintenance를 통해 장비 관리에 힘써서 회사에 이바지하고 싶습니다."

» 장점 및 보완점

예를 들어 구체화한 점은 아주 좋다. 다만, 지원 기업의 제품 특징 등을 더 고려하여 강조한다면 좋겠다.

"3개월의 생산 관리 인턴 기간 동안 상사분들을 볼 때 사무 업무와 현장 업무의 목표가 다르기에 업무 협조를 요청 시 거부하는 상황 해결이 어렵다고 생각하였습니다. 이러한 점에서 친근감과 소통이 중요함에 따라 다음과 같이 행동하겠습니다. 첫째, 현장의 노고를 이해하며 친근한 미소로 요청하겠습니다. 둘째, 흡연을 하진 않지만 흡연장에서 대화할 기회가 많기에 아버지뻘 되시는 현장 직원분들과 얘기하며 음료수를 한잔하며 요청하겠습니다. 처음엔 어렵겠지만 이러한 행동으로 친분을 쌓아 가며 해결해 나가겠습니다."

≫ 장점 및 보완점

직무 특징을 고려한 점은 좋지만, 지원자가 실제 인턴을 지원 기업에서 한 것이 아니며, 다른 기업에 지원하는 경우이기 때문에 좀 더 지원하는 기업 특징을 고려하여 어려움의 구체적인 예시 등을 강조하는 것이 유효할 것이다.

"사무직으로서 조직 내외부 부서를 지원하는 과정에서 스케줄 관리의 어려움이 있을 것이라 예상됩니다. 무엇보다 ○○ 암 센터에는 병원, 연구소, 교육 기관 등 다양한 시설이 위치하고 있기 때문에 각 기관별 지원이 필요한 이유, 진행 상황, 결과를 생각하며 업무를 수행할 것입니다. 그리고 일의 중요도와 급한 정도를 파악하여 분기별

로 큰 스케줄을 잡은 후 세부 업무를 진행하여 문제를 해결해 갈 것
입니다."

지원 기업의 분석을 통해 특징을 고려한 부분이 아주 돋보인다.

예시 11

"플랜트 건축 설계 직무는 기계, 전기, 배관, 토목 등 다양한 유관
부서와 협업이 필수적이기에 설계 과정에서 설계 변경, 공기 지연 등
의 어려움이 발생할 수 있다고 생각합니다. 이러한 설계 변경이나 공
기 지연이 발생한다면 발주처와의 신뢰 관계가 악화될 뿐만 아니라
장기적으로 회사의 수주 경쟁력 악화를 야기할 수 있기 때문에 항상
저의 업무가 타 부서에 영향을 줄 수 있다는 자세로 유관 부서와 긴
밀한 소통을 통해 각 부서의 요구 사항을 선제적으로 반영하여 설계
변경과 공기 지연을 최소화하겠습니다."

》 장점 및 보완점

전반적으로 문제없는 답변이다. 다만, 공기 지연 등의 문제의 원인
이 무엇인지에 대한 부분은 간략히 먼저 강조하면 더욱 좋겠다.

"리서치 팀에서 근무하게 될 경우, 대외 환경의 불확실성을 예측하는 과정이 어려울 것이라 생각합니다. 팬데믹으로 인한 관광 수요의 변동 예측이 특히 그러합니다. 이를 해결하기 위해 장기적인 안목을 가지고 긍정, 부정 요인의 가중치를 부여한 상황 분석을 진행하겠습니다. 다만, 조사 업무 진행에 있어 양질의 대안은 항상 존재할 수 있다는 마음가짐으로, 우리 기관의 인재상인 팀워크를 적극 반영하여 선배님들과 함께 지속 발전하는 조사 체계를 확고히 만들겠습니다."

▶▶ 장점 및 보완점

기술적 및 태도적 측면으로 나눠서 접근한 점이 아주 돋보이는 답변이다.

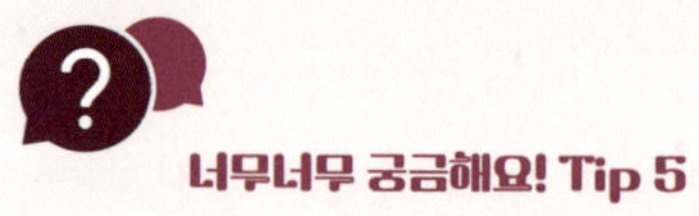

채용 전문 면접관이 직접 말하는
면접의 핵심

아래 내용은 실제 면접 현장에서 면접관들이 주로 질문한 내용을 정리한 자료이다. 지원자들은 면접을 준비하면서 아래의 내용을 반드시 먼저 읽고, 준비 과정에서 빠뜨린 것은 없는지 확인하면 좋겠다. 그리고 답변할 때에는 본문에서 설명한 'STAR 기법'을 활용하는 것도 중요한 팁이다.

"너 자신을 알라!" 나에 대해 먼저 정확히 이해하기

면접을 준비하면서 자신에 대해 이해하는 과정은 반드시 필요하다. 면접을 통해 '나'라는 사람의 콘셉트와 역량을 분명히 하면서, 매력적으로 가다듬어 나가야 한다. 면접이라는 것은 지원자인 '나'를 평가하는 과정이므로, 면접 질문 또한 '나'를 파악하는 것에 집중될 수밖에 없다. 따라서, '나'를 이해하고, 정리하는 것은 나에게 주어질 면접 질문에 대한 답변의 콘텐츠와 스토리를 만드는 것과 일맥상통한다. 그렇다면, '나'에 대해 어떻게 이해하고 어필하며 정리해 두어야 할까?

첫째, 자신의 '캐릭터'를 명확히 정리해야 한다.

'나'를 요약하면 어떤 캐릭터를 가진 사람이라고 할 수 있을지, 나의 성격의 장점과 단점, 능력상의 강점과 약점은 무엇인지를 정리해 두어야 한다. 특히, 회사나 기관에서 면접을 해 본 경험이 있는 지원자라면 잘 알겠지만, 면접관들이 던지는 가장 공통된 질문이 "1분 동안 자기소개를 해 보세요"인 만큼 본인이 내세울 매력적인 캐릭터가 무엇인지를 사전에 정해 놓는 것이 가장 중요하다.

이와 더불어 본인이 어필하고 싶은 장점이나 강점에 대해서는 이를 뒷받침할 수 있는 논리적이고 구체적인 근거

와 경험을 정리해 두어야 한다. 반대로 단점이나 약점에 대해서는 이를 보완하는 노력과 사례를 소개하면 좋다. 끝으로, 휴학이나 편입, 공백기 등 본인의 과거에 있어서 공격적인 질문으로 들어올 수 있는 사항을 확인해 보고, 이러한 부분에 있어서 원만한 답변으로 대처하기 위해 합당한 이유와 방향 전환을 하려는 노력이 필요하다.

둘째, 나의 '커리어'를 계획해 놓아야 한다.

현재 시점까지 본인이 경험을 쌓고, 노력해 왔던 분야와 연결된 미래의 경력 목표를 명확히 정리해 두는 게 필요하다. 또한, 맹목적으로 '열심히 하겠다', '최선을 다하겠다'와 같은 추상적 문장이나 의지가 아니라, 반드시 현실적이면서도 실행 가능한 구체적인 계획을 말해야 한다. 구체적인 실천 계획이 면접관들에게는 더욱 설득력 있게 들린다는 사실을 기억해 두길 바란다.

셋째, 나의 '경험'을 정리해 두어야 한다.

면접을 대비하기 위해 자신의 경험을 사전에 정리해 두는 것이 중요하다. 특히, 출제될 확률이 높은 질문에 대한 답변으로서 적합한 경험을 정리하면 된다. 예를 들면, 본인이 지원한 분야에서 요구하는 포인트가 되는 직무 수

행 능력을 발휘한 경험, 지원한 기관의 핵심 가치나 인재 상 요소와 부합한 경험을 위주로 하면 안성맞춤이다. 또한, 해당 경험의 내용을 '상황(Situation)-과제(Task)-행위(Action)-결과(Result)'로 이루어진 STAR(스타) 기법에 맞춰 정리해 두는 것이 좋다. 'STAR 기법'에 대해 좀 더 설명하면 아래와 같다.

1) S: Situation ⇒ '상황'에 대한 설명

   T: Task ⇒ 해당 '상황'에서의 나의 '역할'과 '일' 어필

   A: Action ⇒ 문제 해결을 위한 나의 '행동' 강조

   R: Result ⇒ 이를 통한 '결과'로 마무리

2) 예를 들면, 만일 "학업 외에 다양한 경험 중 성과를 낸 경험이 있나요?"라는 질문이 들어왔을 때, 아래와 같이 대답해 나가는 과정이다(STAR 기법을 활용한 답변).

(1) S: 저는 2024년 2월부터 당해 년도 12월까지 ○○카페
에서 아르바이트를 했습니다.

(2) T: 당시 저는 홀 서빙과 계산 위주의 업무를 담당했습
니다. 일을 하면서 점점 매출이 줄어든다는 사실을 알
게 되었고, 업무 적응 이후 매출 절감의 원인을 분석했
습니다.

(3) A: 인구 측면에서 면밀히 분석한 결과, 타 경쟁 업체와
비교했을 때 제가 일하였던 곳은 장년층이 40% 정도
많았음에도 불구하고 일반적인 메뉴뿐이었습니다. 그
래서 저는 다른 유명 업체들을 벤치마킹하여 몸에 좋은
차로 메뉴를 구성하였습니다. 특히, 생강차나 대추차,
계피차 등을 메뉴에 추가하고 인테리어 또한 중장년층
에 맞춘 안정되고 중후한 이미지를 바탕으로 하는 아이
디어를 내었습니다.

(4) R: 해당 아이디어가 실현된 이후 3개월 차가 되었을 때,
손님이 점차 증가하기 시작하였으며, 그 결과 매출이
30% 이상 상승했습니다.

면접을 준비하는 과정에서 가장 중요한 사항은 무엇일까? 바로 면접에서 출제될 가능성이 높은 질문을 미리 리스트업해 작성해 보는 것이다. 이 경우 지원하는 직무의 핵심 과제를 중심으로 질문을 구성해 두는 것이 좋다. 그래서 이번 주제에서는 다양한 직무 및 기업의 대표적인 면접 질문들을 하나로 모아 보았다. 면접관들이 던지는 질문들은 대동소이하므로 아래 질문들을 참조하여 내가 지원한 산업, 직무, 기업과 비교하여 준비하면 된다.

LG전자

1. 경쟁에서 져 본 적이 있는지, 그때 배운 점이 있다면?

2. 유체 역학에서 가장 중요한 공식이 무엇일까?

3. 캡틴 아메리카와 아이언맨이 싸우면 어느 팀을 택할 것인지?

4. 열역학적 원리를 적용해서 에너지 효율을 높이는 법은?

5. 팀원들과 의견을 조율했던 경험이 있나?

6. 다상 유동 분리기 과제를 진행하면서 힘든 점이 있었는지?

7. 세부 전공은 팀의 직무에 기여할 수 없는데 괜찮은지?

8. 박사를 안 하고 석사까지 학위를 마친 이유는?

9. LG베스트샵을 방문해 본 적이 있는가? 매니저에게 상담을 받아 보았는가?

10. 제품의 가격을 낮춘다면 회사의 손익에 영향을 미치는데 올려야 하나 내려야 하나?

11. 면접관에게 직무와 관련해서 물어보고 싶은 것이 있는지?

12. 에어컨의 원리에 대해 간단히 설명하라.

13. 구리의 부식에 대해 아는 것이 있는가?

CJ제일제당

1. ○○식품의 경우, 제일제당의 어느 공장에서 생산하는지 말해 보라.

2. 이 회사에 들어오면 가장 자신 있는 것은?

3. 품질 관리가 더 적합한 것 같은데 왜 생산을 지원했나?

4. 제일제당에서 SCM이 무슨 일을 하는지 아는 대로 이야기해 보라.

5. 학창 시절 가장 힘들었던 경험은 무엇인가?

CJ프레시웨이

1. 실습은 어디서 했으며, 학교에서 배운 것의 차이는 무엇이었나?

2. 최근에 읽은 기사는 무엇인가?

3. 입사 후 하고 싶은 것은 무엇인가?

4. 식자재 영업에 대해 아는 대로 설명하라.

5. 전공과 다른데 왜 지원했는지?

6. 거래처를 어떻게 설득할 것인지?

7. CJ프레시웨이를 처음 알게 된 계기는 무엇인가?

CJ올리브영

1. 올리브네트웍스에 필요한 기술이 있다면 어떤 것이 필요할까?

2. SCM은 무엇이라고 생각하는가?

3. 다른 계열사가 아닌 CJ 계열사에 지원한 이유는?

4. 올리브영에 근무하게 되면 어떤 업무를 하는지 알고 있는가?

CJ ENM

1. 지원자는 마케팅이 무엇이라고 생각하는가?

2. ENM 방송 중 마케팅이 잘 안됐다고 생각하는 것은 무엇인가요?

3. 사람 만나는 게 힘들지는 않은지?

4. 중국에서 프로그램을 제작한다면 잘될 것 같은 콘텐츠는 무엇인가?

5. ENM의 콘텐츠 중 가장 재밌게 본 것과 가장 아쉬운 것에 대해 말해 보라.

6. 영화관 부가 사업 매출 확대 방안을 제시해 보라.

7. 다른 지원자들 말고 지원자가 뽑혀야 하는 이유가 있는가?

8. K-콘텐츠 부대 행사를 기획해 보라.

9. CJ ENM의 경쟁사가 있다면 무엇인가?

CJ대한통운

1. 대한통운에 대하여 알고 있는 것을 말해 보라.

2. 직무를 수행하며 어떤 게 제일 중요하다고 생각하나?

3. 물류란 무엇인가?

4. 물류업에서 중요한 역량은 무엇인가?

5. 직무와 관련된 경험이 있는지?

6. 직무에 지원한 이유는 무엇인지?

7. 워라밸에 대해 어떻게 생각하는가?

8. 자신이 생각하는 물류의 미래에 대해 설명해 보라.

1. 정장 대신 비즈니스 캐주얼을 입은 이유는?

2. ○○ 시험 영어 점수는 낮은데 학교 영어 성적이 높은 이유는?

3. 본인이 창의성이 있는 지원자라 생각하는가?

4. 교환 학생을 다녀오지 않았는데, 해외 업무에 지장이 없을지?

5. 주 52시간 근무제에 대해 어떻게 생각하는지?

6. 이 면접이 떨어지면 어떨 것 같은지?

7. 삼성전자 외에 지원한 기업이 있는지?

8. 삼성전자와 SK하이닉스 둘 다 붙으면 어디를 선택할 건지?

9. 휴학 기간에 무엇을 했는지?

10. 본인이 하고 싶은 업무가 있다면?

11. 자신의 학과에 대해 자랑을 해 보라.

12. 반도체 공부는 어디서 했는지?

13. 본인은 리더형인지 팔로워형인지 설명하라.

14. 지원한 분야가 본인하고 잘 안 맞으면 어떻게 할 것인가?

15. 전공과 다른 분야인데 지원한 이유는 무엇인지?

16. 본인이 직무를 수행함에 있어 어떤 장점을 가지고 있는지?

17. 회사에서 중요하다고 생각하는 가치가 있다면?

18. 새벽 2시에 기계가 고장 났는데 선배가 없는 상황이다. 어떻게 할 것인지?

19. 비상 상황에서 새벽이라 선임자가 전화를 안 받는다면 어떻게 할 것인가?

20. 본인과 선배가 현장에서 일을 한다면 본인은 무엇을 할 것인가?

21. 본인 직무에 맞지 않는 일을 한다면 어떻게 할 것인지?

22. 대외 활동이 많은데, 학업과 어떻게 병행했는지?

23. 페러데이의 전자 유도 법칙과 렌츠의 법칙에 관해 설명하라.

24. 천장 크레인 자격증이 있던데 운전이 가능한지?

25. 친구를 사귈 때 가장 중요하게 생각하는 부분은?

26. 내가 남들보다 뛰어나다고 생각하는 점은?

신한은행

1. 신한은 다른 은행이랑 다른데 무엇이 다른지 알고 있는지?

2. 신한의 상품에는 무엇이 있는지?

3. 일하면서 가장 어려울 것으로 예상되는 건? 그리고 어떻게 대처할 것인가?

4. 신한 지점 앞의 현수막을 본 적이 있는지? 내용을 아는지?

5. 새마을금고가 금리를 올린다면? 우리는 어떻게 해야 하나?

6. 같은 상품이고 조건이 다 같은데 다른 지점에서 상품 가격을 낮춘다면?

7. 경쟁 마을금고가 4% 금리를 주면 어떻게 대처할 것인가?

8. 공제를 몇 개 정도 영업할 수 있는지? 그리고 누구한테 팔 것인가?

9. 자신이 가장 잘 팔 수 있는 신한 상품은?

10. 시중 은행에 비해 신한이 부족하다고 생각하는 것은? 그 해결 방안은?

11. 지원한 지역의 최근 신한에 대한 기사를 알고 있는가?

12. 최근 읽은 기사에 대한 지원자의 생각은?

13. 본인이 면접관일 경우, 금융과 관련해 세 가지를 묻고 답하라.

     Part 3 대기업 출신 저자의 합격 노트

14. 신한인으로서 가장 필요하다고 생각하는 것은?

15. 일을 하다 보면 상사와 트러블이 생길 수 있는데 어떻게 할 것인가?

16. 신한에서 무얼 제일 자신 있게 할 수 있나?

17. 엘리베이터에 탔는데 모두가 등을 돌리고 있다. 어떻게 할 것인가?

18. ISA와 신한 상품의 장단점은?

19. 신한이 당신을 채용하지 않으면 왜 손해인가?

20. 신한의 역사에 대해서 아는 대로 말해 보시오.

21. 열정, 가족, 돈, 실적, 동료와의 친밀도 이 중에 중요한 순서대로 나열해 보고 그 이유는?

22. 인생관, 자기의 장점을 통해 이뤄 낸 일들에 대해 간략히 소개하라.

한국전력

1. 우리나라를 대표할 무엇을 홍보하고 싶은가? 그렇다면 한전에서 좀 더 홍보했으면 하는 점은?

2. ○○학과에서 무엇을 배웠나? 그 학과가 한전의 사업 부서나 프로젝트와 무슨 관련이 있는지?

3. 혼자서 타지로 발령을 받았는데 상사들은 모두 1년 미만의 직원들이고 제일 위 상사는 다른 지사 발령을 신청한 상태이다. 그런데 그 지사에서 새로 사업을 시작해서 전례를 공부하거나 자료를 구할 수 없는 상황이라면 어떻게 대처하겠는가?

4. 신입 직원의 워라밸, 어떻게 되어야 맞다고 생각하는가?

5. 운동을 했다고 했는데, 무슨 운동을 얼마나 했나?

6. 누진세에 대해 설명하시오.

7. 본인이 알고 있는 한전에서 하는 일은?

8. 한전이 수행하고 있는 사업에 대해서 잘 알고 있는지?

9. 한전이 하고 있는 해외 사업에 대해서 알고 있는지?

10. 단체 활동을 할 때 주의해야 한다고 생각하는 점은?

11. 성과 연봉제란 무엇인지 알고 있는지? 이에 대한 개인적 견해는?

12. 임금 피크제의 개념과 효과는?

13. 본인의 기획안을 소개하라. 채택 요인은 무엇이라고 생각하나?

14. 본인이 느낀 에너지 공기업 기업 문화의 장점과 단점을 하나씩 말해 본다면?

15. 대인 관계에 있어 본인의 부족한 점이 있는가? 있다면 어떻게 극복하고 있는가?

16. 자원봉사를 하면서 팀장을 했다고 되어 있는데, 조직의 팀장이 갖춰야 할 덕목
중에 가장 중요한 덕목과 그 이유는?

17. 일과 가정은 몇 대 몇 비율로 임할 것인가?

18. 변압기 고장의 원인이 고양이였다. 어떻게 할 것인가?

19. 창의란 무엇인가? 자신이 창의적이었던 경험은?

20. 한전에 와서 무슨 일을 하고 싶은가?

21. 고민이 있을 때 누구와 상담하는가?

22. 한전 경부 지역에는 지사가 총 몇 군데 있는지?

23. 인생에서 가치 있게 생각하는 것은 무엇인가?

24. 어제 한전 주가는 얼마인지 아는가?

25. 최근 읽었던 신문 기사에 대해 말해 보시오.

26. 한전에 관련된 신문 기사에 대해 말해 보시오.

27. 고객 만족을 증진시키기 위한 대책은 무엇인가?

28. 아르바이트 경험이 있는가?

29. 발전소를 실제로 견학해 본 적이 있는가?

30. 한전 입사를 위해 가장 필요하다고 생각하는 역량은 무엇인가?

31. 가장 이상적인 동료 관계란?

32. 힘들었던 경험에 대해 말해 보시오.

33. 인턴 경험이 지원자에게 어떤 영향을 주었는가?

34. 대규모 정전 사태에 대한 생각은?

35. 요즘 청년들이 공기업을 선호하는 이유는?

36. 스마트 그리드란 무엇인가?

37. 조직 문화란 무엇인가?

38. 공기업이란 무엇이라고 생각하나?

39. 한전에서 펼칠 수 있는 본인의 역량은 무엇인가?

네이버

1. 지역 고유의 특성을 살릴 수 있는 콘텐츠는 무엇이 있는가?

2. 위기 관리 경험이 있는지?

3. 입사하면 어떤 사람이 되고 싶은지?

4. 기존과 다른 업무 스타일에 적응할 수 있는지?

5. 무슨 프로그램을 개발하고 싶은지?

6. C/C++의 차이는 무엇인가?

7. 지구의 질량을 더하기로 구하라.

8. 검색을 많이 하는 편인지?

9. 네이버와 구글 검색을 비교해서 설명한다면?

10. 10년 뒤 본인의 모습은?

11. 과거 일을 할 때 스스로 개선한 업무적인 부분은?

12. 가장 어려웠던 커뮤니케이션 경험은?

LH토지주택공사

1. 왜 우리 공사에 지원하게 되었는가?

2. 업무와 무관한 일을 시켜도 잘 수행할 것인가?

3. 입사 후 보고서를 만들어 보고하는 경우가 생긴다면 어떤 식으로 준비를 할 것인가?

4. 전형 과제로 기획한 프로그램은 어떤 경위로 기획하게 되었는지 설명하라.

국민건강보험공단

1. 악성 민원 대처 방법은?

2. 사회 보장 제도란 무엇이라 생각하나?

3. 가장 좋아했던 수업은 무엇이었나?

4. 지원자가 번아웃을 극복하는 방법은 무엇인가?

5. 4대 보험의 종류로는 무엇이 있는가?

1. 면접을 마치고 나면 무엇을 할 것인지?

2. 국민 연금 제도가 무엇이라고 생각하는가?

3. 자신이 생각하는 창의적인 인물은?

4. 민원인을 대할 때 가장 필요한 역량은 무엇인가?

5. 잘 모르는 내용의 민원 전화가 걸려 왔을 경우 대처 방안은?

1. 1분간 자기소개를 해 보라.

2. 회사가 나를 뽑아야 하는 이유에 대해서 말해 보라.

3. 직장 상사와의 갈등 상황을 어떻게 대처할 것인가?

4. IT 및 인공 지능의 발달이 유통업에 어떤 영향을 끼쳤는가?

5. 최근 신세계 스타필드가 더욱 주목을 받고 있다. 스타필드와 비교하여 현대백화점이 갖춰야 할 경쟁력은?

6. 면세점 입주를 앞두고 있는데, 앞으로 면세점이 현대백화점에 끼칠 영향은?

7. 구체적으로 어느 플로어에서 근무하고 싶은가?

8. 정말 독하다 싶을 정도로 매달려 본 일이 있는가?

9. 좋다고 생각했던 백화점 마케팅 사례가 있는지?

10. 유통업 지원 동기는?

11. 유통업에 있어서 본인의 강점에 대해 말해 보라.

현대자동차

1. 노사 분규에 대해서 어떻게 생각하는가?

2. 단종되지 않고 현재 현대에서 생산하고 있는 승용차의 이름을 모두 말하라.

3. 입사 후의 자세와 각오를 말하라.

4. 현대자동차의 디자인에 대한 본인의 솔직한 생각과 느낌은?

현대모비스

1. 현대모비스는 전기차 사업 부문에서 어떠한 방향으로 나아가야 하는가?

2. 현대모비스가 다른 나라에서 어떤 새로운 사업을 할 수 있겠는가?

3. 현대자동차가 아닌 현대모비스에 지원한 동기는 무엇인지?

4. 우리 회사 매출액이 연결 기준, 개별 기준으로 각각 얼마인가?

5. 다른 사람을 설득해 본 경험이 있는가?

6. 상사가 법적으로 명백한 부당 행위를 지시한다면 어떻게 하겠는가?

7. 임직원 자녀 가산점을 노조와 구직자 입장에서 각각 설명해 보라.

8. 간단하게 자신의 연구 분야를 설명하고 자신이 모비스에 어떻게 기여할 수 있는지에 대해 설명하시오.

9. 취미가 무엇인지 영어로 말해 보라.

10. 영어 공부는 어느 정도 하는지 영어로 말해 보라.

11. 오늘 면접에 올 때는 어떻게 왔는지 영어로 말해 보라.

12. 마지막으로 하고 싶은 말은?

13. 관심 있게 들은 과목은 무엇인가? 그 과목에 대해 설명해 보라.

14. 어떠한 직무를 하고 싶은지 말하고 그에 대한 배경이 어떤 것인지 스피치 하라.

SK하이닉스

1. 회사가 나를 뽑아야 하는 이유에 대해서 말해 보라.

2. 직장 상사와의 갈등 상황을 어떻게 대처할 것인가?

3. 오퍼레이터와 메인터넌스의 차이점에 대해서 말해 보라.

4. 왜 SK하이닉스인가?

5. 오퍼레이터로서 일하게 될 때 예상되는 문제점은 무엇인가?

6. SK하이닉스의 핵심 가치에 대해 아는지?

7. 구체적으로 어느 라인에서 근무하고 싶은가?

8. 정말 독하다 싶을 정도로 매달려 본 일이 있는가?

9. 리더십을 발휘한 경험을 말해 보라.

10. 오퍼레이터와 메인터넌스에 대해 구체적으로 설명하라.

기아자동차

1. 매일 뉴스를 접하는지?

2. 뉴스를 보면 가장 먼저 어떤 분야를 보는지?

3. 만약 하기 싫은 일이 주어진다면 어떻게 할 것인가?

4. 친구 관계는 어떠한지?

5. 사회봉사 활동을 한 경험에 대해 말해 보라.

6. 시사 문제(자동차 10부제 운행 등)에 대한 집단 토의

농심

1. 장기적으로 볼 때 가격의 결정 요인이 되는 것은 무엇인가?

2. 공개 시장 정책에 대해 말해 보라.

대신증권

1. 평소 신조로 삼고 있는 좌우명은 무엇인가?

2. 증권 회사의 업무 내용이 무엇인지 알고 있는지?

3. 대학에서 배운 전공 지식을 증권 업무에 어떻게 활용할 것인가?

4. MSCI 선진 지수 편입이 우리 경제 및 증권사에 미치는 영향에 대해 말해 보라.

롯데그룹

1. 당사에 대해 어떤 이미지를 갖고 있는지?

2. 학교생활 중 가장 슬펐던 일은 무엇인지?

대한항공

1. 세계에서 가장 좋은 항공사는 어디라고 생각하는지?

2. 대한항공에 대해 어떻게 생각하는지?

외환은행

1. 가장 좋아하는 과목은 무엇이었나?

2. 시중 은행과 특수 은행의 차이점에 대해 말해 보라.

이랜드

1. 영어로 자기소개를 해 보시오.

2. 귀하의 생활신조는 무엇인가?

3. 간단히 자기 PR을 해 보라.

4. 이랜드 산하에서 출시되는 의류는 어떤 성격과 이미지를 가지고 있는가?

한국가스공사

1. 귀하는 조직과 의견이 일치하지 않을 경우 어떻게 행동하겠는가?

2. 최근 읽은 책의 제목과 느낀 소감은?

GSK코리아

1. 입사하게 되었을 경우, 회사에 바라고 싶은 것이 있다면 말해 보라.

2. 다국적 기업에 대해 어떻게 생각하는가?

3. 인류에게 있어 가장 개발이 시급한 치료제는 무엇이라 생각하는가?

한국은행

1. 지금까지 살아온 일 중에서 자기에게 변화를 준 사건이 있다면 그에 대해 말하고, 이유는 무엇인지 답변하라.

2. 한국은행과 시중 은행의 다른 점을 말해 보라.

한국투자신락

1. 10년 후, 당신은 어디서 무엇을 하고 있을 것이라 생각하는가?

2. 오늘 아침 인상 깊었던 뉴스를 한 가지 예시로 들고, 그에 대한 인상을 말해 보라.

3. 리스 산업에 대해 답변하라.

4. 무역 카르텔에 대해 답변하라.

국민은행

1. 자신의 생활신조를 말해 보라.

2. 일반 대기업과 은행 입사 중 어느 것을 더 선호하는가?

3. 엥겔 계수란 무엇인가?

지금 이 순간에도 취업을 하지 못해 소일(消日)하는 수많은 젊은 친구들이 있음에 마음 한 편이 무겁게 느껴집니다. 물론, 취업만이 진정한 자아실현의 길이 아님을 모르는 것은 아니지만, 현실적인 여건은 여전히 녹록지 않습니다.

이러한 친구들의 취업을 위해 애정과 충심을 듬뿍 담아 집필했지만, 마법과도 같은 완벽한 책은 쓸 수 없기에 아쉬움이 남는 게 사실입니다. 다만, '지피지기면 백전백승'이라는 의미에서 그리고 '항상 면접관의 입장을 먼저 생각하고 면접에 임하라'라는 메시지는 충분히 전달되었을 것이고, 면접에서 마주할 수 있는 돌발 상황에 대한 전략 등에 대해서도 상세한 예시를 통해 알려 드렸으니, 이 책을 반복해서 학습만 한다면 합격에 한발 더 다가갈 수 있으리라 확신합니다.

사실 '면접'은 누구나 임할 수 있습니다. 말 그대로 질문에 대해 솔직하게 답변하는 시간이니까요. 그러나 '기업'과 '면접관'이 원하는 답변, 이른바 '합격하는 답변'은 누구나 할 수 있는 것이 아닙니다. 지속적인 연습을 하고 대비한 사람만이 가능합니다.

우리가 자소서를 준비할 때 꾸준히 많이 읽고, 많이 써 보는 방법밖에 없듯이, 면접도 그렇습니다. 꾸준하게 예상 질문에 대해 직접 작성해 보고 반복하는 방법밖에 없습니다. 그럼에도 불구하고, '합격하는 답변'은 분명 따로 있습니다. 다시 말해, 여러분들이 원하는 기업에 합격하려면 이 책에서 제시한 대로 답변해야 합니다. 저는 이런 자신감을 가지고 지금껏 취업 현장에서 지원자들과 함께 호흡하며 성공적인 결과를 만들어 가고 있습니다. 그런 점에서 이 책 또한 저와 함께할 모든 취준생들의 필수 준비물이 될 것입니다.

미국의 대문호 피츠제럴드(Scott Fitzgerald, 1896~1940)는 "남과는 다른 이야기를 하고 싶다면, 남과는 다른 말로 이야기하라"고 했습니다. 그러나 저는 남들과 '같은 언어'로 '다른 이야기'를 했습니다. 면접 답변이란 본래 뻔한 이야기이고, 오로지 취업 성공만이 목적이 되어야 하는 스토리입니다. 그래서 뻔한 말이지만 취준생 여러분들이 합격하는 데 도움이 되는 이야기만을 했습니다.

부디 취준생 여러분들은 이 책을 반복해서, 아니 이 책만 반복해서 읽고 따라 말하십시오. 그것으로 충분합니다. 99%는 다 알고 있다고 생각하지만, 정작 실천하지 않는 내용들이 여기에 담겨 있습니다. 중구난방으로 이 책 저 책으로 면접을 준비하지 마십시오. 정리는커녕 더 복잡하게 될 뿐입니다.

아무쪼록 이 책을 읽는 독자들이 취업의 영광을 마주하기를 기대하고 소망합니다. 이 작은 책이 여러분들의 취업 성공에 기여할 수만 있다면, 그보다 더한 기쁨은 없을 것입니다. 고맙습니다.

어둠을 걷어 내고
희망으로 가득 찬 2025년이 되길 바라며
고요한, 강건욱 드림